REGLAS DE

PROTOCOLO SOCIAL

Y RELACIONES PÚBLICAS

© Adolfo Pérez Agustí (2015)

edicionesmasters@gmail.com
www.edicionesmasters.com
Madrid (Spain)

ÍNDICE

Presentación

Parte 1ª. Las relaciones públicas
Parte 1-a. Conocer al prójimo
Parte 1-b. Gestos aparentemente sin importancia
Parte 1-c. La forma de estrechar las manos
Parte 1-d. Diplomacia empresarial

Parte 2ª. La ética social
Parte 2-a. Sobre el vestir
Parte 2-b. El comportamiento

Parte 3ª. La hora de comer
Parte 3-a. Poner la mesa
Parte 3-b. Sobre la colocación de los platos y cubiertos
Parte 3-c. Diferentes formas de poner y servir una mesa
Parte 3-d. Reglas de comportamiento para los comensales

Parte 4ª. Protocolo en situaciones muy especiales
Parte 4-a. Matrimonio
Parte 4-b. La ceremonia
Parte 4-c. La fiesta
Parte 4-d. Funerales

Parte 5ª. Reuniones sociales
Parte 5-a. Cóctel
Parte 5-b. Reuniones
Parte 5-c. Orden en sus presentaciones
Parte 5-d. Más consejos para no ser un patoso social
Parte 5-e. Visitas en domicilio

REGLAS DE

PROTOCOLO SOCIAL

Y RELACIONES PÚBLICAS

La ética moderna está muy influida por el psicoanálisis de Sigmund Freud y sus seguidores, así como por las doctrinas conductistas basadas en los descubrimientos sobre estímulo-respuesta del fisiólogo ruso Iván Petróvich Pávlov. Definida con anterioridad como los principios o pautas de la conducta humana, ha sido con frecuencia denominada como "la moral" (del latín mores, 'costumbre'), y por extensión, el estudio de esos principios se le considera filosofía moral. Sin embargo, la verdadera reforma vino con el desarrollo de la cultura occidental, la cual dio lugar a un refinamiento muy superior que condujo al protocolo, las normas de conducta oficiales.

La ética, como una rama de la filosofía, está considerada una ciencia normativa porque se ocupa de las normas de la conducta humana, y para distinguirse de las ciencias formales, como las matemáticas y la lógica, y de las ciencias empíricas, como la química y la física. Las ciencias empíricas sociales, sin embargo, incluyendo la psicología, chocan en algunos puntos con los intereses de la ética, ya que ambas estudian la conducta social. Por ejemplo, las ciencias sociales a menudo procuran determinar la relación entre los principios éticos particulares y la conducta social, e investigan las condiciones culturales que contribuyen a la formación de esos principios.

Por ello, y aunque las bases del comportamiento social están apoyadas esencialmente en el protocolo y en la ética (del griego ethika, de ethos, 'comportamiento', 'costumbre'), lo cierto es que lo que se pretende es establecer los principios o pautas de la conducta humana cuando estamos reunidos en sociedad. Sin embargo, a menudo la ética y la moral se confunden, siendo difícil delimitar con precisión el cómo, el dónde, y el cuándo del comportamiento en sociedad.

Indudablemente, el protocolo está basado en la cortesía, esa demostración o acto con que se manifiesta la atención, respeto o afecto que tiene una persona a otra. Por ello, hay que considerar que el buen anfitrión no es aquel que mejor coloca la mesa o exhibe la mejor de sus sonrisas ante los invitados, sino quien logra que todos se encuentren a gusto debidamente reunidos. Para conseguirlo debe estar plenamente al día en las costumbres de la sociedad, poseer una educación al menos correcta, ser afable y cumplido, y lograr que con su ejemplo todos los invitados consigan también mantener la adecuada compostura.

La esencia del protocolo social es, pues, el respeto integral a la persona, sea cual sea la condición social y el lugar donde esté. Para ello se necesita, en primer lugar, tacto, una cualidad que nos indica la justa medida en nuestro modo de decir las cosas y encauzar los deseos de los demás sin que entren en confrontación con los nuestros. También necesitará dominar el arte lingüístico del eufemismo, que no es otra cosa que la sustitución de un término o frase que tiene connotaciones desagradables o indecorosas por otros más delicados o inofensivos. En segundo lugar deberá ser elegante, aunque ahora no nos centramos solamente en el aspecto externo del vestir, sino más bien en la forma correcta de expresar los sentimientos, lo que va unido invariablemente a ser íntegro, positivo y armonioso, sin que ello nos impida al mismo tiempo ser sencillos y con buen gusto. Y en tercer lugar, y ya puestos a buscar una trilogía de cualidades para el anfitrión, debería ser también ingenioso, pues esta cualidad asegurará, con su espíritu de invención, la posibilidad para discurrir o crear con prontitud y facilidad cualquier modificación que asegure salir de una dificultad. A pesar de ello, y como ya sabemos que en casa del herrero..., es posible que los mejores anfitriones sociales fracasen en su propio reducto familiar, pues no es fácil conseguir que nuestro hogar sea ese lugar al que deseemos volver después de nuestro trabajo, ya que para ello tiene que ser confortable, cálido y, muy especialmente, feliz.

Para orientarles un poco sobre algunas cuestiones que pueden influir en ello les mencionaré normas sobre el comportamiento en sociedad, no solamente con su familia, sino también en los actos oficiales, con sus vecinos y amigos, pues todos juntos forman ese grupo que llamamos sociedad y en el cual estamos inmersos las veinticuatro horas del día.
Con un adecuado contenido filosófico, en ocasiones humorístico y emotivo, les indicaré también las normas de educación más habituales, la forma de presentar a las personas, la técnica para poner una mesa correctamente y todo lo que usted debe evitar para no convertirse en un patoso social insoportable. La camaradería está bien y en ocasiones nos abre puertas, pero con más frecuencia nos impide llegar a grupos sociales que gustan más del respeto que de quienes no tienen pelos en la lengua.
Ser educado y amable nunca crea problemas, de igual manera que tampoco los ocasiona saber cortar adecuadamente la carne con cuchillo y tenedor. Por eso es importante que sepa moverse

perfectamente en cualquier ambiente, teniendo siempre grabada en su mente esa frase de "allá donde vayas, haz lo que vieres".

Por todo ello, en este libro el lector encontrará las reglas y normas más habituales del protocolo social y oficial moderno, tanto para ejercer como anfitrión, como para acudir como invitado, sin olvidar que no solamente influye el buen vestir, sino igualmente el lenguaje correcto y la adecuada disposición psíquica.

Parte 1

LAS RELACIONES PÚBLICAS

Definición

Las Relaciones Públicas son una función o habilidad que crean, desarrollan y ponen en práctica estrategias y programas –en ocasiones argucias- destinadas a influir en la opinión pública, bien sea estimulando sus reacciones respecto a una idea, un producto o una organización, o bien para crear nuevas necesidades. Tan importante se considera este trabajo, que hoy en día la mayoría de las empresas privadas y organismos oficiales poseen su propio departamento de relaciones públicas, aunque ahora se le prefiere denominar más como *atención al cliente*. El campo de actuación de las relaciones públicas ha ido ganando importancia en el terreno económico, social y político de muchos países (los ministros de exteriores son un buen ejemplo), y dentro de este campo se incluyen la publicidad, las actividades de promoción y las relaciones con la prensa. Por ello, es fácil deducir que las relaciones públicas son ya una parte decisiva en las actividades de marketing y de comercialización para crear un clima favorable en las ventas.

Casi todos los empleados que trabajan en el campo de las relaciones públicas pertenecen a la plantilla de trabajadores de una empresa o de una institución, aunque existen empresas de relaciones públicas especializadas. Ello hace que protejan a su empresa de forma fehaciente, que hablen exageradamente de sus cualidades y oculten los defectos o errores, llegando al caso de lograr vender lo que ni siquiera existe, y ahora nos referimos solamente a las virtudes.

En la industria, el personal de relaciones públicas mantiene informados a los directivos sobre los cambios de criterio de diversos sectores sociales cuya opinión puede afectar a la empresa: trabajadores, accionistas, consumidores, proveedores, o el Gobierno.

Estos profesionales aconsejan a los ejecutivos sobre las consecuencias que podría tener una determinada acción -o las consecuencias de no emprender otra- sobre el comportamiento de los agentes implicados. Los consejeros, figura que hoy solamente la contemplamos a nivel empresarial, han sido siempre las personas más apreciadas por los reyes, aunque solían trabajar en unión al chambelán. Estos últimos, sin embargo, eran más protocolarios que filósofos, por lo que su agudeza mental no tenía que ser muy intensa.

Cuando se ha tomado una decisión, los profesionales de las relaciones públicas se encargan de comunicar esta información al público, utilizando métodos que favorezcan la comprensión, el consentimiento, o lograr una determinada respuesta del público. En ese momento, la manipulación circula unida a la comunicación, tal y como sabemos ocurre con la publicidad o las disposiciones gubernamentales. Por ejemplo, cuando se fusiona un hospital, se cierra una fábrica o se introduce un nuevo producto, es necesario utilizar la experiencia y el conocimiento de los profesionales de las relaciones públicas. Indudablemente su mayor habilidad reside en el conocimiento de las debilidades humanas, más que en el dominio de las normas del protocolo, pero no siempre nuestros políticos o empresarios han estudiado la adecuada psicología.

Las relaciones públicas son una parte esencial de los procesos políticos de muchos países. Los políticos que necesitan asesoramiento, las agencias gubernamentales que necesitan cooperación y la aprobación del electorado, los ministros que quieren defender sus políticas, y los gobiernos que quieren ayuda y aliados en el exterior, todos ellos requieren los servicios de especialistas en relaciones públicas.

Las relaciones públicas también desempeñan un importante papel en la industria del espectáculo. El teatro, las películas, los deportes o los restaurantes utilizan los servicios de relaciones públicas para aumentar su volumen de negocios o realzar su imagen. Otros clientes de las empresas de relaciones públicas son las instituciones educativas, de servicios sociales y de caridad, los sindicatos, los grupos religiosos y las sociedades de profesionales.

Métodos

Las relaciones públicas puras, al contrario que los departamentos de atención al cliente, sirven exclusivamente para crear prestigio para un individuo o un grupo, para promocionar los productos, e incluso para ganar elecciones o explicar una ley impopular. No están para ayudar al cliente o público en general, sino exclusivamente a sus patrocinadores o empresarios.

El eufemismo, la sutileza, la coacción y la manipulación, son algunas de las armas que más se utilizan para lograr un fin. Describiremos estos términos:

Eufemismo

Es la sustitución de un término o frase que tiene connotaciones desagradables o indecorosas por otros más delicados o inofensivos. Puede rozar a veces el lenguaje pretencioso o lisa y llanamente cursi, aunque en ocasiones puede sonar a burla, ironía o desprecio.

Entre los más usados están, *hombre de color* (negro); *tercera edad* (la vejez), *ajuste de plantillas* (despido), *tener un desliz* (ser infiel), y *mujer de armas tomar* (agresiva.)

Sutileza

Dicho o concepto excesivamente agudo y falto de profundidad o exactitud. Se trata de un modo de pedir o decir lo que no se debe, o lo que realmente se desea, buscando cierto desconcierto en el otro. Aunque aparentemente se trata de un engaño, la dócil complacencia de quien lo acusa no hace parecer tal. Las mujeres dicen que manejan muy bien este arte, por lo que les remito a ellas.

Una variante es la *argucia,* también denominada como *sofisma*, un silogismo vicioso o argumento capcioso con que se pretende hacer pasar lo falso por verdadero.

Coacción

Es la fuerza o violencia que se hace a una persona para obligarla a que diga o ejecute alguna cosa. Se puede imponer sencillamente con la palabra, con el poder o el derecho legal (también laboral), con lo cual se obliga a su cumplimiento bajo la amenaza de infracción o castigo.

Manipular

Influir voluntariamente sobre individuos, colectividades, etc., a través de medios de presión o información. Esto es algo habitual en la publicidad, por lo que de algún modo se interviene para modificar el juego de la libre competencia.

Cualidades

El profesional de las relaciones públicas es un especialista en el arte de la comunicación y la persuasión. Su trabajo requiere desempeñar varias funciones, entre las que destacan las siguientes:

1. Programación, es decir, analizar los problemas y las posibilidades, definir objetivos, determinar el público al que se dirige la información, y recomendar y planificar las distintas actividades a seguir.

2. Escribir y editar materiales, como anuncios en prensa, discursos, informes para los accionistas, información sobre el producto y publicaciones para los trabajadores.

3. Plantear la información de la manera más ventajosa.

4. Organizar determinados acontecimientos, como una rueda de prensa, premios, exhibiciones y demostraciones.

5. Asesorar sobre la comunicación con el público, lo que incluye la redacción de discursos.

6. Investigar y evaluar mediante entrevistas, materiales de referencia y varias técnicas de prospección de mercado.

7. Gestionar los recursos mediante la planificación, el establecimiento de presupuestos, y la contratación y preparación de empleados para lograr estos objetivos.

Para poder analizar la opinión pública, manejar los medios de comunicación de masas, dirigir las actividades de publicidad por correo, hacer publicidad institucional, editar publicaciones, películas y vídeos, y organizar acontecimientos especiales, se requiere una experiencia especializada.

Aunque sus actividades, fines y efectos han sido muy criticados, las relaciones públicas son muy importantes en el mundo industrializado. Para evitar el mal uso de esta profesión, algunas organizaciones dedicadas a las relaciones públicas han desarrollado un código deontológico, aunque en los países totalitarios el Estado tiene el monopolio de las comunicaciones, y las actividades de relaciones públicas están controladas por el Gobierno, bajo la forma de propaganda. Los servicios de relaciones públicas siguen sin ser utilizados en muchos países en desarrollo, pero probablemente los gobiernos de estos países se interesen por ellos en el futuro.

Parte 1-a

Conocer al prójimo

¿Cómo es posible ser un buen relaciones públicas si no poseemos la perspicacia necesaria para ver detrás del escaparate del rostro de las personas? Ellos nos quieren mostrar lo mejor de sí mismos, aunque en ocasiones sea de forma hostil o seductora, pero nuestra sagacidad y clarividencia debe ver siempre más allá del simple cuerpo, llegando hasta lo más profundo de la psiquis. Por eso, el buen anfitrión llega a ser tanto un gran actor como un buen psicólogo, bastándole una simple y corta mirada para ver qué escondemos detrás de ese apretón de manos y esa sonrisa complaciente. No es fácil este aprendizaje, en el cual fracasan tantos expertos, pero si se acostumbra a mirar más desde la periferia en lugar de tratar de que le miren, seguro que en pocas semanas logrará saber más de las personas que en un curso acelerado de psicología.

Indudablemente hay unas tendencias genéticas que determinan nuestro comportamiento, el cual, como veremos, no está influido solamente por las relaciones sociales, por las experiencias o por la vida en nuestra niñez, eso que se denomina como epigenética. En nuestros genes queda grabada toda la experiencia acumulada por nuestros antepasados familiares y con ello también adquirimos sus virtudes y defectos. Estas características forman lo que se denomina "personalidad intrínseca", aquella que permanece indeleble durante toda nuestra existencia y que se manifiesta exclusivamente cuando la vida nos pone a prueba.

El inconsciente, tan oculto y tan determinante, hace que solamente en los momentos claves podamos desarrollar todo nuestro potencial o sacar a relucir nuestras peores maldades y defectos. Hay quien afirma que a las personas borrachas no hay que hacerlas caso porque dicen lo que no sienten, cuando en realidad es justamente lo contrario. Solamente cuando nuestra educación y principios adquiridos quedan anulados por drogas o alteraciones emocionales, es cuando nos manifestamos tal y cual somos en nuestro interior. Lo demás, el comportamiento habitual, responde a nuestra "personalidad extrínseca", aquella que trata de mejorar nuestro verdadero carácter, bien sea reprimiendo defectos o mejorando virtudes. Por eso a las personas nunca las podremos conocer verdaderamente hasta que la vida las ponga a prueba, como por ejemplo una enfermedad, un desastre económico o un divorcio, por poner algunos ejemplos.

Damos tanta importancia a las palabras, escritas o verbales, que nos olvidamos con demasiada frecuencia de los hechos. De esta circunstancia saben mucho los políticos, quienes muestran gran habilidad para decir en sus campañas electorales lo que los ciudadanos quieren oír, aunque luego (y con frecuencia, anteriormente) sus actos no tengan nada que ver con aquello que dicen y afirman.

La palabra permanece en la mente de las personas gracias a los libros y también grabada en los medios de comunicación y ocio denominados como audiovisuales, por lo que no es de extrañar que ocupe ya el primer puesto en cuanto a modos de expresión se refiere. Los hechos también son importantes, al menos para los historiadores, y por ellos podemos evaluar con cierta precisión todo cuanto de bueno y malo han realizado nuestros antecesores, aunque dependemos demasiado de la opinión del escritor para saber la verdad de los acontecimientos.

Y en medio de estos dos factores, la palabra y los hechos, están los gestos, la forma de expresión corporal más auténtica de todas y la única que no da lugar a errores de apreciación, siempre y cuando sepamos interpretarlos. Esencialmente todos sabemos evaluar algunos gestos reflejos, como las lágrimas, la sonrisa o los gritos, lo mismo que podemos saber lo que ocurre detrás de un grito de dolor, un rubor en la mejilla o un apretón de manos sincero. Pero todos estos gestos son, con frecuencia, manipulados por las personas y expresados por motivos muy diferentes a los que aparentemente son en realidad.

Personas hábiles que nos engañan con sus gestos hay muchas y de eso saben mucho los ladrones, los estafadores y otras gentes poco recomendables, pero también los emplean para manipularnos personas tan respetables como los políticos (nuevamente), los actores, los presentadores de televisión, los adivinos y los abogados, entre otros. Todo ser humano y frecuentemente los animales, emplean trucos con sus gestos para inducirnos a engaño, algunos tan sutilmente elaborados que solamente están al alcance de mentes privilegiadas, o maquiavélicas.

Cualquier acto jurídico es una muestra del arte del engaño (suele mentir el acusado y exagerar el acusador), lo mismo que lo es cuando un vendedor intenta que compremos lo inútil, o un político nos abraza durante un mitin por primera y última vez en su vida. También hay engaño cuando un niño nos avisa que ya se ha tomado la comida que acaba de tirar a la basura o cuando nuestra pareja llega a las tres de la madrugada alegando que ha estado con su madre. Como es obvio, nosotros también nos habituamos a mentir deliberadamente, y en ocasiones, tal y como nos explicaban en el filme "Mentiroso compulsivo", mentir es una necesidad incuestionable para poder estar en sociedad.

La idea que les propongo es observar a nuestro prójimo, más que escucharle, en busca de cualquier señal externa en su cuerpo que nos dijera la verdad que oculta en su mente. Si lográsemos esto habríamos conseguido dos cosas increíbles: nadie nos podría dar gato por liebre nunca más (insisto, ni siquiera los políticos) y, además, podríamos disimular nosotros mismos con una eficacia total.

Algunas personas no son lo que parecen

Nos hacemos tanta propaganda a nosotros mismos que terminamos creyéndonos aquello de que presumimos. Nadie avala estas valoraciones, salvo nosotros, pero vamos por la vida presumiendo a nuestro modo sin que nadie se atreva a demostrarnos que estamos totalmente equivocados y que existe una versión mucho más acertada de nuestro carácter.

Estos son algunos ejemplos:

Dicen ser...

Inteligentes

Pero en realidad son...

Personas que han aprendido una profesión a base de años. Suelen considerarse como especialmente inteligentes los médicos, ingenieros, notarios y arquitectos. Pero el conocimiento profundo de una profesión no hace a nadie inteligente, puesto que en la mayoría de los casos se han limitado a aprender de memoria las conclusiones de las personas que han escrito los libros de texto.

Dicen ser...

Personas con gran personalidad.

Pero en realidad son...

Personas que mantienen sus peculiaridades en cualquier circunstancia y lugar, sin amoldarse a los cambios. Suelen esconder gran temor para cambiar sus modos de pensar y hábitos de vida.

Dicen ser...

Personas de gran carácter.

Pero en realidad son...

Gente con frecuencia déspotas. Suelen adorarse a sí mismos y desprecian a quienes manifiestan debilidades o a quienes la naturaleza no ha hecho fuertes. No les gusta reírse espontáneamente y consideran que hay que tomarse la vida "en serio", sin especificar exactamente en qué consiste eso.

Dicen ser...

De costumbres rectas y sobrias.

Pero en realidad son...

Sombríos, aburridos y con una educación rígida que quieren transmitir a los demás. Es frecuente en personas con un

Miedosos ante cualquier circunstancia nueva. Les es más fácil echar a correr ante cualquier dificultad y ni siquiera intentan conseguir aquello que quieren por temor a equivocarse. Con el otro sexo nunca dan el primer paso.

Dicen ser...
En absoluto racistas.
Pero en realidad son...
Personas a las que nunca les veremos confraternizando con los inmigrantes ilegales, ni admitiendo que su hija/o se case, por ejemplo, con un gitano.

Dicen ser...
Indiferentes al sexo.
Pero en realidad son...
Personas que nunca han tenido relaciones sexuales intensas y gratificantes. También es posible que sientan miedo al fracaso sexual o a perder el control de sus emociones durante el orgasmo.

Dicen ser...
Nada celosos, muy liberales con la pareja.
Pero en realidad son...
Personas que no aman lo suficiente. También es posible que en realidad lo que están demandando es libertad para ellos/as y así poder mantener relaciones con otras personas alegando que "no hay nada malo" en ser infiel de vez en cuando. En el fondo, suelen denotar una falta de respeto absoluto para los sentimientos de su pareja.

Dicen ser...
Padres muy modernos.

Pero en realidad son...
Padres que se han leído el último manual de "Cómo educar a los hijos" y lo siguen al pie de la letra, sin darse cuenta que cada hijo es diferente a los demás y que necesita un trato y una educación personalizada, a su medida.

Dicen ser...
Muy equilibrados y serenos.
Pero en realidad son...
Gente que no se emociona con nada y que tardan horas en tomar decisiones que otros las asumen en pocos minutos. Su vida transcurre con una monotonía tal que exaspera a los inquietos y ambiciosos.

Y ahora, vamos a tratar de conocer al prójimo, pues de ello dependerá nuestro comportamiento en sociedad:

Diferentes modos de mirar

La mirada es, con frecuencia, un lenguaje sin palabras y más de uno ha sido aceptado o rechazado en sociedad solamente por su forma de mirar a su interlocutor. Las miradas que recorren de arriba abajo nuestro cuerpo, como si quisieran encontrar un defecto, o las miradas furtivas hacia atrás, deseando ver sin que apenas se note, son dos de los defectos más habituales. También nos parece sumamente molesta la aptitud de quien nunca nos mira a la cara, aunque también una mirada frontal y profunda, puede ser igualmente desagradable. Básicamente exigimos que la gente afronte las situaciones conflictivas "cara a cara", lo que indica que la confrontación está cercana y en ocasiones la violencia.

Hay personas que provocan, que incitan a la pelea por su forma de mirar, mientras que otros buscan pareja mediante miradas insinuantes, ambas dispares pero totalmente frecuentes. La mirada tierna puede ser contraproducente para una entrevista de trabajo, pero encantadora en un niño, mientras que "desnudar con la mirada" será aceptado como un aliciente en la intimidad, pero una forma grosera y hostil al compartir un ascensor con un desconocido, especialmente si es feo.

Mirada de poder
No siempre la mirada de poder es penetrante y agresiva, puesto que en ocasiones la persona que la ejerce se limita a recorrer nuestro cuerpo en busca de un defecto o comparación. El poderoso es altivo, con su barbilla tocando el cielo, pues quiere saber lo débiles que son los demás mirándoles desde arriba, suponiendo que pueda. Necesitan evaluar continuamente a los demás y la mirada es su mejor escáner.

Mirada evasiva
No se crea que todas las personas que no miran directamente a los ojos lo hacen porque esconden maldad. Ciertamente suelen esconder algo, pero con frecuencia es temor, indiferencia, desinterés o complejos que salen a relucir en ese momento.
Tenga en cuenta que la persona agresiva, y especialmente quien desea hacer daño, le mirará directamente a los ojos. La mirada evasiva deshonesta, la que implica rencor o maldad, suele ir acompañada por una posición determinada de la cabeza. Se puede mirar "de lado" a una persona malvada a la cual nos gustaría recriminar, pero que no consideramos necesario o prudente hacerlo. También miraremos de lado cuando estemos esperando nuestra oportunidad en circunstancias complejas, como escapar de alguien. Del mismo modo, la mirada evasiva la

emplearemos cuando queramos observar a alguien sin que sospeche que le estamos mirando.

En resumen, una mirada, para que sea evasiva, debe ser fugaz. Desconfié, no obstante, de aquellas personas que mantienen su cuerpo erguido o en tensión, con la cabeza bien alta y que observan a su alrededor tratando de ocultar sus ojos. Están evaluando sus posibilidades de agresión y su ataque está próximo si le damos oportunidad para ello.

Mirada triste

¿Por qué lloramos cuando estamos tristes? Sencillamente para tratar de expulsar nuestra pena al exterior. De no ser así, nuestras tristezas terminarían por hacernos daño en órganos vitales, como el corazón o el hígado. Unos ojos llorosos, muy húmedos, pueden indicar una persona que no es feliz habitualmente, eso lo sabemos todos, pero hay que distinguir entre llorar y tener los ojos tristes. Una mirada triste no se produce por una desgracia brusca, cercana, sino que solamente es producto de muchos años de dolor interno, especialmente de incomprensión. Nadie es capaz de generar una mirada triste a una persona en un solo día; se necesita mucho tiempo para hacerla así. Los niños, por ejemplo, no suelen tener una mirada triste, puesto que sus males se generan y corrigen con rapidez, pero esa mirada es habitual en muchos ancianos, independientemente del nivel económico que posean. Solamente mirando atrás es cuando podemos saber el trato que hemos recibido de los demás, pues únicamente duele el mal trato de aquellos a quienes queremos.

Hay ya mucha gente que afirma que si queremos saber la bondad o la maldad de una persona hay que observar cómo trata o cómo ha tratado a sus padres ancianos. Cuando una persona ya no nos puede dar nada, ni siquiera protección, es cuando tenemos que demostrar que dentro de nuestros sentimientos existe algo bueno.

Mirada penetrante
Es una forma de mirar que turba, que inquieta a quien es objeto de ella, especialmente si el contorno de sus ojos es negro y están plenamente abiertos. No existe agresividad en estas personas, pero poseen el desagradable defecto de clavar los ojos en las personas, en ocasiones de forma deliberada. Habitualmente son personas algo más altas que la mayoría, puesto que de otro modo su mirada inquietante se podría eludir con facilidad. Es inútil tratar de sostenerles la mirada, puesto que para ellos es un juego en el cual están acostumbrados a ganar.

Mirada con sueño
No hay que confundir tener sueño realmente con mostrar unos ojos somnolientos. Los párpados superiores semicerrados son una característica genética de algunas personas y no corresponde casi nunca a un estado de cansancio. Este tipo de mirada suele encontrarse en personas sumamente sensibles, individualistas y que no gustan de acudir a fiestas o reuniones multitudinarias. Con frecuencia desordenados, pueden ser víctimas de gentes con pocos escrúpulos, aunque suelen salir airosos de situaciones conflictivas aparentemente complicadas. Posiblemente triunfarán en la vida si encuentran, por fin, quien crea en ellos y sus buenas cualidades intelectuales.

Mirada honesta
Una persona honesta mira directamente a nuestros ojos durante bastante tiempo, mientras que la deshonesta mirará igualmente con fijeza, pero durante poco tiempo.

Mirada tierna

Ya sabemos que nuestros abuelos, y los padres, cuando miran a sus hijos más pequeños, suelen poner esa mirada tan delicada que para muchos es empalagosa y para otros el delirio del amor universal. Esa mirada la solemos poner todos, o casi todos, cuando miramos a un cachorro o bebé haciendo sus cositas, lo mismo que cuando alguien mayor está ya acabado y enfermo. También es frecuente en quien se siente maltratado por alguien a quien ama o cuando leemos pasajes de santos y profetas. De igual modo, ¿quién no ha puesto una mirada tierna cuando un policía nos pone una multa justa o cuando un inspector de Hacienda nos está interrogando?

Mirada sensual

Los ojos están abiertos al máximo, algo menos en las mujeres, como siendo conscientes de todas las intensas sensaciones que vamos a recibir. Las pupilas ampliamente dilatadas, mientras que los músculos orbitales están en una tensión total, igual que la mayoría de los músculos corporales. Hay en ellos mayor aporte sanguíneo (la pasión encendida, que dicen) y los párpados parecen que se han quedado inmóviles para no perder detalle. Curiosamente, cuando el entusiasmo se convierte en delirio y el abrazo amoroso es ya un hecho, los ojos se cierran lánguidamente para que ninguna sensación se escape al exterior. El universo debe desaparecer de nuestro entorno y no es extraño que seamos capaces de aislarnos incluso en presencia de personas.

Cuando dos personas comienzan a gustarse, en una reunión, por ejemplo, sus miradas son en principio intensas, abiertas. Pero cuando su interés aumenta y con ello el deseo sexual, las miradas se vuelven lánguidas, dejan de mirar al exterior, y son capaces de seguir ese cortejo incluso con su cónyuge al lado.

Mirada de amor

Puede confundirse con la anterior, especialmente si hablamos de parejas enamoradas, pero la mirada pasional y la amorosa tienen sensibles diferencias, aunque pueden ir unidas. La mirada de cariño no es muy amplia, no se dilatan los ojos al máximo, pero es brillante y con un rictus de tristeza. Parece que el amor nos produce miedo, como si tuviéramos la sensación de que no puede durar mucho y por eso hay siempre cierta dosis de tristeza en el cariño intenso. Tenemos miedo de perder a quien amamos, al igual que tememos que nos dejen de amar, quizá porque somos conscientes de que la felicidad solamente llega en pequeñas dosis y no siempre cuando la necesitamos.

Mirada airada

La persona agresiva intentará taladrar con su mirada la nuestra y por eso sus movimientos irán acompañados con la cabeza y el cuerpo en dirección a nosotros y gran tensión muscular en su cara. Los ojos están abiertos al máximo, la mirada es fija y apenas hay parpadeo. Este hecho, la ausencia de parpadeo, es para no perderse ni un detalle y son capaces de mantenerlo durante mucho tiempo. Si, al mismo tiempo, fruncen el ceño es señal de que, junto con su irritación, están analizando la situación y nuestro comportamiento. Aunque su actitud siga siendo hostil es el momento de intentar responder a su agresión o razonar. Pero en los momentos de crisis sus ojos se le salen de las órbitas y es imposible cualquier razonamiento con ellos, puesto que su intolerancia e ira son absolutas.

Mirada de alegría

Cuando alguien acaba de recibir una buena noticia sus ojos se abren enormemente, más de lo imaginable hasta ese momento y sus pupilas se dilatan hasta cuatro veces su tamaño habitual, independientemente de la luz ambiental.

Parte 1-b

Gestos aparentemente sin importancia

No hay un solo gesto o postura en nuestro cuerpo que no obedezca a un estado de ánimo concreto. Todo cuanto hacemos físicamente tiene una correspondencia con nuestra mente y nuestros deseos. Vean esta serie de gestos espontáneos:

Retorcerse un trozo del pelo
Suele ser habitual ver a jovencitas y algo menos jóvenes, cogiendo un mechón de su pelo y efectuar con él una y mil veces un retorcimiento, en un intento involuntario de formar con el pelo un rizo o un tirabuzón. Su finalidad no es esa, puesto que si lo consigue empleará a continuación algo más de tiempo en dejarlo bien liso. La explicación que dan los psicólogos es que los niños se suelen entretener con cosas así cuando están cansados de los sermones de sus padres. Posteriormente, y aunque esos sermones ya no existan, quedará ese hábito como una manera de llevar la vida con resignación y paciencia.

Mordisquearse el labio inferior
El mordisqueo insistente conlleva el despellejarse una y otra vez el labio, sin darle oportunidad nunca de regenerarse. Pudiera parecer una forma de autocastigo, pero posiblemente el origen está solamente en una personalidad frustrada y en cierto grado agresiva. Es como quien golpea con el puño la palma de su

mano antes de comenzar a pelear. Afortunadamente, cuando se sustituye el labio por el puño, el que más sufre es uno mismo, puesto que no siempre puede descargar su ira en el causante.

Colocarse las gafas reiteradamente

Las gafas ciertamente se suelen caer, pero no tanto como para que tengamos que estar todo el día ajustándolas en la nariz. Ese tic nervioso es tan frecuente como cerrar los ojos fuertemente cada poco tiempo y ambos parecen obedecer al mismo problema: se trata de mantener alerta la mente en esas circunstancias, no porque la situación sea más importante que las demás, sino porque por causas físicas esa persona necesita esos pequeños estímulos. Ciertamente consiguen su objetivo, pero hay que reconocer que es algo molesto.

El pie nervioso

Seguro que conocen algún amigo o familiar que tiene el tic de mover insistentemente un pie cuando está sentado con las piernas cruzadas. Puede llegar a ser exasperante para todos, menos para él. Para algunos se debe a un exceso de energía que tiene que ser liberada, mientras que para otros es un síntoma de aburrimiento. Pero la causa más habitual es una gran lucha interna que no se percibe exteriormente, puesto que para esa persona su imagen es vital. Puesto que debe conservar una apariencia de serenidad y de equilibrio perfecta, lo mejor que puede hacer es mover sus pensamientos a través de su nervioso pie.

Morderse las uñas

Y si hablamos de tics que exasperan a quienes los miran, el rey de todos ellos es el de morderse las uñas. Su visión prolongada puede revolver las tripas al más estable y desesperar al más tranquilo, todo ello mientras el ejecutante sigue enfrascado en la uña número cuatro, después de haberse cepillado tres. Si les preguntamos nos dirán que en realidad no se muerden las uñas, pero lo cierto es que las suelen tener totalmente rapadas, con más yema que uña.

Su conflicto interno es algo que brota aun a su pesar y nos demuestra una personalidad angustiada, muy agresiva y con grandes dosis de rencor. Siempre encontrarán a algún culpable de sus angustias, aunque lo más habitual sea la familia o "la sociedad". Indudablemente requieren ayuda, pero debemos estar preparados para alejarnos de ellos cuando su ira deje de concentrarse en sus uñas y la tome con el prójimo.

Ajustar el cuello

Parece que tienen siempre una soga al cuello o que la camisa les aprieta enormemente. Normalmente no ocurre ni lo uno ni lo otro, especialmente lo de la soga, pero cualquier roce esporádico del cuello de la camisa o el suéter, les obliga a una contorsión del cuello en busca de su liberación.

Hay quien afirma que este tic nervioso se debe a un problema físico real, como alergias, aunque también es frecuente que se dé en personas con una personalidad muy acusada, sensibles e inteligentes, que necesitan tener todo en orden para sentirse seguros, incluido su cuello. Una adecuada conversación y algo de juerga, suele relajarles para una buena temporada.

Crujir de huesos

Otro gesto que se nos hace incomprensible y en ocasiones intolerable. Estamos hablando con una persona, parece escucharnos, pero en ese momento se dedica a lo que nosotros consideramos como martirizar sus dedos, retorciéndolos y haciendo crujir sus articulaciones con todo deleite. Detrás de un crujido sigue otro y si una articulación se le resiste insiste hasta que, por fin, suena el chasquido. Su cara demuestra gran satisfacción en ese momento, mientras que la nuestra lo único que muestra es una mueca de repulsa en la boca.

Físicamente parece ser que contribuye a eliminar el aire que albergan sus articulaciones, aunque con el tiempo solamente se convierte en un tic que libera su mente de algo que no le interesa escuchar. Si es usted quien le tiene delante ya es hora de que cambie su discurso porque no le está escuchando y prefiere concentrarse en el dulce sonido del chasquido de sus dedos.

Rechinar los dientes

En este caso parece ser que existe primordialmente una causa física. La presencia de gusanos intestinales –lombrices- es la causa más habitual en los niños, lo mismo que el exceso de azúcar. De todas formas, y por razones extrañas, solamente se da en niños sensibles, cariñosos y que necesitan estabilidad emocional en sus familias.

El bruxismo, cuando ocurre en un adulto, habrá que pensar en una persona igualmente sensible, sometida a grandes tensiones emocionales y poco cariño. Unos cuantos kilos de amor y muchas palabras, le quitarán el tic para siempre.

Parte 1-c

La forma de estrechar las manos

Aunque esta norma social de cortesía ha sido reemplazada por el beso en la mejilla, sigue siendo la mejor forma para demostrar educación, respeto y distancia adecuada, en nuestras relaciones sociales y laborales. La mano se ofrece en señal de amistad, como una prueba de que no escondemos armas y que nuestras intenciones son, en principio, amables. Nadie sabe las razones para sacudirlas varias veces durante el apretón, puesto que bastaría con hacer contacto entre ellas, pero esta costumbre nos será tan útil para calibrar a nuestro interlocutor, como la fortaleza y modo de estrecharlas.

Una advertencia: si decide besar la mano de esa señora que le están presentando, sepa que es una tradición que solamente se debe practicar en recintos cerrados, precisamente en grandes homenajes, espectáculos de lujo o reuniones con asistencia de personajes de la política o las finanzas.

Cuando la señora en cuestión le extienda la mano (quizá para, simplemente, estrechársela), el caballero se inclinará levemente, cogerá la extendida mano y hará escuetamente el ademán de besarla, sin consumar el acto. Pocas ceremonias hay que agraden tanto a una mujer bien vestida y educada que ésta.

Y sobre **el beso** las cosas también están claras:

En los últimos tiempos se ha impuesto la moda de 'repartir' besos por doquier, incluso a personas que acaban de sernos presentadas. La televisión ha asumido esta deplorable costumbre y hasta las presentadoras otorgan besos a los concursantes o a los entrevistados. Personalmente, creo que es totalmente incorrecto y en ocasiones molesto y reiterativo. Hay besos al llegar y al despedirse, lo que en un grupo, pongamos, de 50 asistentes a una boda, comienza a resultar gracioso y cargante a partir del tercer saludo.

Cuando nos presentan por primera vez a una persona, lo aconsejable es utilizar el 'usted' y estrechar simplemente la mano. Siempre habrá tiempo para mayores intimidades si nos parece bien.

Otra cosa es la amistad y las familias, pues a ellos les podemos otorgar algo más que un simple apretón de manos, aunque en grandes grupos sigue resultando penoso. El doble beso en la mejilla debería reservarse para personas muy concretas, lo mismo que hacemos con el beso en la boca, aunque de seguir así quizá pronto alguien imite a los rusos y veamos a hombres dándose un ósculo en los labios. Esperemos que no ocurra.

Como regla fundamental de las presentaciones tenga siempre en cuenta que:

La persona de menor rango (dentro de la jerarquía profesional) es el presentado al superior;

el más joven al mayor;

y el caballero a la señora.

Resumiendo:

El caballero es presentado a la dama.
El menos conocido al más conocido.
El menos famoso al más famoso.
El joven al anciano.
La señorita a la señora.
El familiar al forastero.

El marido presenta a su esposa (Nunca diga: *'¡Aquí, mi señora!'*).

Si una persona se acerca a un grupo, será ésta la que salude primero.

Un varón no ofrece primero la mano a una mujer, pues debe esperar que ella inicie el saludo.

Un joven no ofrece primero la mano a un anciano.

Un inferior (según el mundo empresarial) no ofrece primero la mano a un superior.

Los varones se levantarán siempre durante las presentaciones, con independencia de que les sea presentados una dama u otro caballero. Obviamente, se excluyen de este deber los muy ancianos o impedidos.

Una dama no se levanta cuando le es presentado un caballero, salvo que éste sea de mucha edad o de una elevada categoría social.

Cuando dos damas son presentadas entre si, la de mayor edad podrá permanecer sentada, mientras que la más joven deberá levantarse.

Con los niños, siempre es el adulto quien inicia el saludo.

Y ahora, vamos a estudiar el secreto de un apretón de manos, pues en ello se esconde parte de nuestro verdadero carácter:

- **Mano dominante**

Más que llegar hasta nosotros, nos las muestran para seamos nosotros los que avancemos; así entraremos en su territorio. Una vez que hemos establecido el contacto cutáneo, estos interlocutores apenas si la mueven y se limitan a estrecharla en el mismo sitio en que la mostraron, aunque con suficiente fuerza en sus dedos.

- **Mano que quiere tomar el control**

La palma mira casi hacia el suelo y en esta ocasión la iniciativa de estrecharla parte de quien quiere ejercer el control. La presión es igualmente fuerte y no manifiestan intención de abandonar. Si queremos demostrar quién lleva los pantalones, esta debe ser nuestra manera de estrechar las manos. Si usted quiere invitar a la otra persona le debe mostrar la palma, pero cuando quiere ser el jefe debe guardarse ese as en la manga.

- **Nos ofrecen su colaboración**

Si su interlocutor está contento de verle de nuevo o de invitarle a que participe en algún proyecto, le tenderá la mano con la palma hacia arriba, así mostrará la ausencia de malas intenciones. El apretón será ahora cariñoso, casi como si acariciase, pero con la debida energía, puesto que sus intenciones son sinceras. Frecuentemente le sujetarán su mano incluso con la otra, dejándola en medio y debidamente aprisionada, en un intento demostrado para que no se vaya y se deje querer.

- **Manos débiles**

No vamos a negar que estrechar una mano que parece romperse es algo desagradable, pero no hay que precipitarse en considerar a esa persona como miedosa o débil. Con frecuencia, las personas tímidas se comportan así por miedo, lo mismo que los niños y las jovencitas. También es habitual que las mujeres guapas, las que están acostumbradas a los piropos, tengan que inhibirse forzosamente en su fuerza para que su interlocutor varón no confunda un apretón de manos enérgico con un deseo de intimar. Un apretón suave es habitual en las personas para las cuales las manos son lo esencial en su profesión, como pianistas, pintores o cirujanos, nunca gustan de apretarlas con fortaleza, lo mismo que tampoco lo hacen las personas ancianas.

- **Manos que huyen**

Tampoco aquí hay que precipitarse en nuestra valoración. No se debe confundir la mano esquiva a la mano débil. Una persona puede no tener ningún interés en saludarnos y al verse forzado a apretar la mano lo hace suavemente, pero para soltarla inmediatamente. También huirá de nosotros quien le duela las manos por enfermedad o accidente y, obviamente, quien tenga prisa.

Este tipo de apretón fugaz nos puede poner en alerta contra los mentirosos o los que esconden asuntos dudosos o peligrosos para nosotros. Una mano que suda, acompañada por una mirada intensa a nuestros ojos, es siempre síntoma de alerta, especialmente si al mismo tiempo adelanta un paso para entrar dentro de lo que podríamos considerar como nuestro perímetro de seguridad.

Tenga en cuenta que:

Si usted estrecha fugazmente la mano y no le permiten soltarla, con palabras o con un nuevo apretón, será el momento de poner nuestras alarmas a funcionar. Puede que nos encontremos solamente con una persona que nos quiere y no desea que nos marchemos tan pronto, o porque quiere demostrar quién manda allí.

- **Manos que marcan las distancias**
- Nadie que quiera buscar un acercamiento intenso o que se alegre ciertamente de verle, le estrechará la mano manteniendo el brazo totalmente estirado. Esta postura es típica en mujeres experimentadas en sus relaciones con los hombres, quienes cuando se ven en la obligación de estrechar la mano lo hacen estirando ellas mismas el brazo lo más lejos posible. Su interlocutor no podrá acercarse lo suficiente y cualquier intento de intimar quedará, al menos, limitado.

Empléelo con:

Los vendedores de seguros, especialmente. Son tan pesados diciéndole a usted lo que necesita en la vida y tan trágicos mostrándoles el futuro, que se hace necesario definir nuestra intención desde los primeros momentos. Ante una persona que estira los brazos tan sólidamente que parecen estar hechos de acero, no hay nadie que no se dé por enterado.

Pero...

En ocasiones este brazo estirado a tope pertenece a alguien que quiere cazarle antes de que se vaya. Su intención puede ser buena y responde habitualmente a quien tiene una buena noticia que comunicar. Una vez que le agarre su mano no la soltará con facilidad y será él quien llegará hasta usted. Si, por el contrario, tira de su mano para atraerle con firmeza, debe desconfiar de sus intenciones. Inicialmente quiere imponerle el diálogo, posiblemente transformado en un monólogo a los pocos segundos.

- **Manos que pesan**

Le agarran su mano, se la agitan con firmeza, y cuando usted quiere terminar no se la sueltan. Le cuentan mil cosas, algunas aventuras y aunque usted empiece a estar cansado de mantener la conversación -especialmente porque siguen agarrados de la mano como dos enamorados-, su interlocutor/a decide seguir platicando así.

Valoración:

Indudablemente nos encontramos con una persona que quiere dialogar con nosotros y no de manera agresiva. Por tanto, inicialmente, podemos confiar en él.

No obstante...

Si una vez que ha cogido a su presa (a usted), no le suelta y su agarre es sólido, puede ser el momento de reconsiderar su valoración como interlocutor poco agresivo. Posiblemente en este momento empiece a decirle cosas poco agradables o lo que quiere es, simplemente, intimar. Si desea iniciar la retirada de una manera sutil, tendrá que consultar el manual de defensa personal en donde encontrará soluciones para ello. Como inicio, deberá abrir su mano intensamente, estirando todos sus dedos al frente. Después, gire lentamente su mano hacia la derecha, como si fueran las agujas de un reloj y lleve su mano hacia usted. En ese momento, se habrá soltado.

- **Manos de la abuela**

Alguien le estrecha su mano, suavemente, y cuando usted quiere retirarla ya le han puesto la otra encima, con igual suavidad. Tenemos en ese momento delante de nosotros a alguien cariñoso a quien seguramente caemos bien, pero que desea hablar o, más bien, contarnos sus problemas.

Unas diferencias esenciales:

Si sus intenciones son buenas, cariñosas, pero algo pesadas, le atraerán hacia ellos mientras le dicen lo bueno que es. Prepárese a una larga conversación de la cual le será difícil salir si no encuentra una excusa decisiva.

Ojo:

No obstante, si ese apretón efusivo y poseedor de un rayo tractor le empieza a incomodar, especialmente cuando las dos manos de su interlocutor se han convertido en sólidas esposas que le aprisionan, es el momento de poner nuestros sistemas de alarma en funcionamiento.

Los políticos y los poderosos hombres de empresa suelen emplear este método para apretar las manos porque lo consideran muy efusivo y así le demuestran que tienen buenas intenciones y no les importa acercarse a las personas sencillas.

Si es usted mujer:
Sepa que este manoseo prolongado y gratuito puede ir seguido de una proposición "deshonesta" realizada al oído. Si no quiere dar origen a malos entendidos, entre usted y su amante improvisado, debe emplear una retirada adecuada y contundente, aunque se trate de una persona influyente.

- **Manos que atenazan**

Hay quien confunde el entusiasmo con el dolor y la cortesía con un cascanueces. Seguramente ya habrá sido objeto en más de una ocasión de un apretón de manos especialmente doloroso e incluso desequilibrador que le deja a usted en una posición de indefensión. Obviamente esos apretujones son efectuados por personas muy fuertes, pero también por quienes han ensayado la mejor manera de intimidar al prójimo.

Un consejo:
Tanto si el apretón -la trituración-, de su mano es voluntario o espontáneo, debe evitar que siga el dolor. Mi consejo es que no intente zafarse y, por el contrario, tense todos sus músculos para que no los pueda seguir apretando. No intente zafarse por la fuerza, puesto que su interlocutor está acostumbrado a imponer su voluntad. Lo que debe evitar es realizar negocios o pactos con personas así, a no ser que quiera contratarles de guardaespaldas o para que discuta los convenios colectivos con sus empleados.

- **Manos de gelatina**

Son viscosas, escurridizas, flojas y en ocasiones muy sudadas. Nadie se explica cómo no se han dado cuenta de ello, de lo desagradable que son, pero abundan tanto como los carteros comerciales. No les rechace por ello, puesto que frecuentemente son personas que ya tienen suficientes problemas en sus relaciones sociales.

Estas manos de gelatina suelen ser habituales en enfermos psíquicos y por eso su misión es ayudarles, aunque en ocasiones con un simple pañuelo para limpiar el sudor le será suficiente.

- **Manos a dúo**

Ya hemos explicado la técnica para conocer las intenciones de esas personas que nos agarran con sus dos manos, pero ahora vamos a diferenciar el carácter de nuestro interlocutor teniendo en cuenta lo que hace con su mano izquierda.

Por ejemplo: pueden ponerla a lo largo de su cuerpo, soltar inmediatamente la maleta que llevaba en ella, apretar con amabas manos las nuestras (ya lo hemos analizado), sujetarnos el antebrazo, el brazo o ponerla sobre nuestro hombro. También hay quien aprovecha para acariciarnos la cara, atraer la barbilla para dar un beso, acariciar nuestro pelo o arreglarnos la corbata o camisa.

He aquí algunas diferencias:

1. La otra mano en nuestro antebrazo

Nos comunica un interés especial por nosotros, pero sin que existan deseos de prolongar ahora la conversación. Por tanto, no es un momento clave para comunicar deseos ni para hacer preguntas. Si alguno de los dos quiere hablar con más profundidad, puede preguntar cuál es el momento más idóneo.

2. La otra mano sobre el brazo

Se emplea con los amigos o las personas que ya conocemos anteriormente. Es un signo de simpatía y que invita a prolongar en ese momento la conversación. La proximidad entre ambos es intensa, lo mismo que la comunicación, y habitualmente se prescinde pronto del apretón de manos para conducir al otro al lugar adecuado para la conversación.

3. La otra mano sobre el hombro

Aunque en principio parece una aptitud paternalista, de una persona superior en edad o experiencia, puede esconder en realidad una posición amenazante. Puesto que en estos casos quien pone la mano encima del hombro al otro se siente superior (habitualmente se emplea con los jóvenes), si no sueltan el apretón de manos indicarán un deseo de dejar claro quién es el poderoso. Sin embargo, cuando el apretón cesa y solamente se conserva la mano sobre el hombro, los consejos están al llegar, lo mismo que la posible ayuda.

Parte 1-d

Diplomacia empresarial

Estas técnicas que vamos a repasar forman parte de uno de los muchos cursos que se imparten para directivos, y su finalidad es bien simple: manipular a las personas. No se asombre por estos consejos, y muy al contrario, memorice sus conclusiones para evitar ser usted mismo víctima de estas artimañas que conducen casi siempre al éxito empresarial, aun a costa del trabajador.

Puede parecerle muy duro y poco honesto eso de manipular a las personas, pero tenga en cuenta que tanto usted como los demás ejercemos siempre coacciones y presiones para convencer a los demás, en ocasiones de forma sutil y otras con argumentos aparentemente sinceros.

¿Qué es la manipulación?

Manipular es trabajar una cosa, manejar uno los negocios a su modo, o mezclarse en los ajenos. También es intervenir con medios hábiles, y a veces astutos, en la política, en la sociedad, en el mercado, etc., con frecuencia para servir intereses particulares, propios o ajenos.

La manipulación es un arte antiguo que tiene sus raíces en las primeras épocas de la civilización, pues ya sabemos que el primer manipulador fue la serpiente cuando le endulzó los oídos a Eva con las promesas de omnisciencia y omnipotencia. Posteriormente, los griegos perfeccionaron la ciencia pero la llamaron diplomacia, definición que ahora se emplea casi como una virtud, delegándose para esta misión a una persona culta, educada y con capacidad para persuadir.

Para algunos es también una ciencia y una tecnología cuyo fin primordial es hacer que otros realicen lo que necesitamos, con agrado y eficacia, mientras piensan que es una idea propia o que les beneficia. En realidad la diplomacia es un modo para lograr mantener buenas relaciones con los demás, y para ello nada mejor que utilizar un lenguaje cortés y unos deseos aparentemente desinteresados. Detrás de un buen diplomático hay siempre una persona hábil, sagaz y con facilidad para disimular, y aunque todo esto le parezca poco ético, forma parte de las relaciones humanas, sean familiares, laborales o sociales.

Consultar antes con el opositor jefe
Antes de cualquier trabajo de grupo hay que consultar primero, mejor en privado, con el jefe de los discrepantes para saber cuáles son sus pretensiones. Recuerde que si le convence a él convencerá a todos.

Crear dependencia
Es importante que el grupo opositor reconozca que no pueden hacer nada sin un acuerdo. Por eso es necesario crear o inventar periódicamente un nuevo estudio para tratar "entre todos" de solucionar los problemas. De lo que se trata es que se haga indispensable para que ellos puedan conseguir sus deseos, tanto como un padre es necesario para sus hijos.

Control del dinero
Un buen diplomático conseguirá tener el control de los fondos sin que parezca que los está manipulando a su antojo. Aunque la única firma válida para los cheques sea la suya, debe hacer creer que el dinero es transparente y que casi se encuentra a libre disposición de los demás. No se olvide de presentar un resumen de los gastos generales y resalte aquellos que pertenezcan a fines sociales, como guarderías y ayudas al estudio. Con seguridad no serán tan altos como los sueldos de los ejecutivos, pero si los señala con el dedo a lo mejor sus empleados no ven los otros datos.

Hable del "verdadero" enemigo
Usted sabe quién o quiénes son los culpables de que ahora tenga que estar en esa reunión soportando las críticas y las censuras de esas personas. Posiblemente sean los que muestran la mejor de sus sonrisas, pero dispuestos a devorarle si se descuida. Serénese y no les mire directamente, pero en su discurso no se olvide

hablar, de forma indirecta, de *"aquellos que quieren hundir esta empresa"*. Recuérdeles esos refranes que hablan de la manzana podrida, de los que siembran la discordia, y de aquellos que solamente pretenden llamar la atención.

De igual manera que utilizamos a otras personas para que apoyen nuestras ideas, una parte importantísima de la manipulación es tener siempre a quién culpar cuando las cosas van mal. El truco es fácil, pues antes de que ellos le consideren el culpable, debe buscar un chivo expiatorio que sea el blanco de las iras. Esto requiere que nunca acepte la responsabilidad por el impacto de sus acciones y delegue en otros esa carga. La solución es bien sencilla: quéjese de todo, cuantas más veces lo haga mejor, pues curiosamente quien más se queja aparece siempre como la víctima. Y si no le basta, culpabilice a todos los asistentes con frases como, *"En mi anterior informe les advertí de esto y no me hicieron caso"*, para cerrar con, *"Yo me lavo las manos en este asunto."*

Hablar de los insolidarios
Si alguien cuestiona su gestión o metodología, no tenga reparos en hacer una llamada a la solidaridad, y critique a quienes solamente piensan en su propio beneficio sin importarle el bienestar de sus compañeros. Nuevamente se está dirigiendo a una o dos personas solamente, pero hablando en plural puede atacarles directamente sin que ellos le respondan.

Ataque a todo el grupo
Si usted dice, *"Aquí hay mucho sinvergüenza que en lugar de trabajar dedica su tiempo a hablar por teléfono con sus amigos"*, como casi todos los empleados lo hacen con más o menos frecuencia, seguro que guardarán silencio y durante unos

minutos se abstendrán de seguir pidiéndole nuevas reivindicaciones.

Nunca ataque de frente, hágalo por la retaguardia
El éxito depende de su habilidad para desenmascarar al enemigo convirtiéndole en culpable. Si lo hace directamente él responderá arropado por sus amigos, así que hágalo sutilmente.

Promesas a largo plazo
Los asuntos más delicados o aquellos pactos que resultan difíciles de cumplir, deben exponerse y admitirse con frases como: *"De acuerdo, lo hablaremos en la próxima reunión"*, o *"Este es un asunto que ya tenía en mente y que resolveremos cuanto antes"*. También puede decir: *"Ahora mismo tengo un par de personas encargándose de ese asunto"*, y *"Quédese tranquilo que eso está en vías de solucionarse."*
Usted sabe que nada de eso será cierto, pero saldrá del lugar sin que nadie le haya insultado.

Finja que escucha
Cuando uno de sus opositores esté hablando de algo que no sea muy trascendental, intente dejar volar su imaginación a nuevos horizontes tratando de elaborar su próxima oferta. En el momento en que haya dejado de hablar y espera que le responda, diga simplemente: *"De acuerdo, tiene usted mucha razón"*, y continúe: *"Pero ahora quiero hablarles de otro asunto igualmente importante."*
Aprenda también el arte de asentir con la cabeza cuando escucha, aunque no le interesen esas palabras y esté pensando en el próximo viaje a Cancún. No aparte la mirada de su interlocutor, pues así le hará creer que le tiene en cuenta, y en su lugar asista con monólogos que en nada le comprometen, como

"Comprendo", "mm, mm" "Desde luego..." y *"Eso habrá que solucionarlo."*

Aplauda a sus enemigos

Antes de que le acusen de mil cosas empiece por hablar muy bien precisamente de su máximo enemigo. Diga lo mucho que valora su trabajo y sus consejos, recalcando todo lo que esa empresa le debe. Y si su cinismo no tiene límites, llámele en privado y antes de que hable dele un fuerte abrazo; así no hay enemigo que no se ablande.

Que parezca Jesucristo en persona

Ya sabe que a los políticos les gusta abrazar a los pobres y los marginados cuando están en su recorrido político; del mismo modo que también visitan a los jubilados recordándonos que todos seremos algún día como ellos. Luego, cuando alcanzan el poder, regatean duramente subir un 2% las pensiones, mientras que no tienen pudor en aumentar el sueldo de los parlamentarios un 30%.

Ponga medallas a los infelices

Si ha tomado una decisión delicada que puede ocasionar grandes desastres, no se olvide delegar ese mérito en alguien, pero busque una persona que no tenga capacidad intelectual para defenderse cuando el desastre sea un hecho. Los políticos suelen caer en el error de quererse llevar todo el mérito de forma particular, pero cuando las cosas salen mal se llevan también los palos. Sin embargo, en las grandes empresas lo mejor es buscar un hombre de paja que se encargará de ejecutar sus órdenes y hasta de firmar por el jefe. En el momento del desastre y para demostrar al resto de los empleados que el jefe es totalmente inocente, despida a ese pobre infeliz y así se evitará que los demás ahorquen al verdadero culpable.

No acuse directamente
Emplee frases como *"He oído que..."*, *"Tengo entendido que..."*, *"Me han dicho que..."*. Realmente está efectuando una acusación directa, pero la culpa no la tiene usted, sino esa noticia imaginaria.

Aprovéchese de la situación
Suponga que sus empleados le han pedido un aumento de sueldo y usted les dice: *"Si les he entendido bien, están sugiriendo que si les subo el sueldo estarían dispuestos a aumentar su rendimiento trabajando una hora más al día"*. Posiblemente eso no sea exactamente así y solamente hablasen de trabajar mejor, pero en ese momento todos se mirarán entre sí para buscar el culpable de esa inadecuada proposición.

Aplauda el comportamiento de los menos conflictivos
Debe elogiar públicamente a los más insignificantes, a los que menos poder tienen, empezando por la señora de la limpieza y terminando por el cocinero, olvidándose deliberadamente de quienes poseen los mejores coches. Así les hará creer que es una persona humana, que está cerca de sus empleados más humildes. Luego, cuando la tranquilidad retorne, ni se le ocurra volverse a acordar de esas pobres personas, demostrando que los buitres no solamente están en los parajes desolados.

Convencer con seudo-preguntas
Todos sabemos que usted es el jefe porque es el mejor, o al menos se lo dice todos los días delante del espejo mágico. La opinión de sus empleados no es necesaria, pero cuando se ponen

muy pesados puede hablarles así: *"¿Han pensado en la posibilidad de...?"* o *"¿No creen que sería mejor...?"*. Les está dando ya encauzada una respuesta, pero no parece que sea una orden. Si el truco no cuela, puede continuar con: *"Bien, intentaré hacer lo que me dicen, pero no les prometo nada"*. Esa frase, traducida al lenguaje real, quiere decir que no moverá un solo dedo para atender su petición.

Finalmente

Ningún lector honesto será capaz de poner en práctica estos consejos, pero al menos habrá aprendido a desenmascarar a tantos hipócritas como hay a nuestro alrededor. Ellos son quienes recogen los triunfos y el dinero, y nosotros, al ir de honrados, nos comemos sus migajas. Si usted cree en el premio divino de la otra vida seguramente no le importará, pero si es de lo que están convencidos de que todo acaba en el momento de la muerte, le recomiendo que se pase al bando de los caraduras.

Parte 2

LA ÉTICA SOCIAL

No está muy de moda el buen comportamiento social, ni lo están las refinadas maneras de antaño, predominando ahora "lo natural", "la sencillez" y hasta el comportamiento campestre. Bajo esta excusa tenemos que aguantar delante, y en ocasiones al lado nuestro, a personas cuya única virtud en sociedad es la vulgaridad, la mala educación y la falta de respeto. Su misión, y hasta nos atreveríamos asegurar, su única intención, en cada fiesta social a la cual son invitados -quizá por algún despistado- es la de "dar la nota" (sin que ello tenga nada que ver con la música), destacar por su grosería y manifestar que pueden ser tan desagradables como se lo permitan.

Del otro lado están los que a fuerza de parecer bien educados son solamente cursis y aquellos que confunden buen gusto con pedantería. También es frecuente tener que aguantar a los esnob, esos que presumen de entender de vinos y que antes de beber un simple vaso de tintorro primero lo huelen, como prueba fidedigna de su gran cultura vinícola.

Todavía existen, afortunadamente, como en aquella canción, caballeros que se ponen claveles en el ojal y señoras que nos tienden la mano para que se la besemos. Aunque estos gestos nos parezcan antiguos, nada hay de cursi ni desfasado en el buen comportamiento en sociedad y todo dependerá de que nuestro interlocutor o interlocutora, merezca la pena. Por eso, si usted es de esas mujeres a las que ya nadie les cede el asiento en una fiesta, o un caballero a quien nunca le piden el abrigo para colgarlo armoniosamente en el perchero, deberían reconsiderar su comportamiento social porque es posible que hayan entrado en esa categoría conocida vulgarmente como "los desagradables".

Pero como casi todo en la vida, hay que tratar de encontrar el punto medio en nuestro comportamiento social. Lo mismo que no es admisible llevar traje y corbata, o zapatos de tacón alto, en una manifestación en contra de la deforestación (especialmente cuando los antidisturbios están junto a nosotros), tampoco es correcto asistir a la fiesta del cumpleaños de nuestro jefe sin afeitar o sin depilar las pantorrillas.

Una primera recomendación: Cuando no sepa cuál es el comportamiento correcto observe a aquellos de más edad; ellos le marcarán la pauta. Si, aun así, se encuentra despistado, no dude en preguntar a quien tenga al lado sobre qué es lo correcto. Es mejor pecar de sencillo que hacer el ridículo pretendiendo pasar por un experto en reuniones sociales.

Parte 2-a

Sobre el vestir

1. Vestir bien, lo que entendemos como clásico, siempre dará buena imagen, aunque esto le obligue a pasar algo de calor en verano. Los varones deberán emplear en lo posible un traje adecuado a la época, pero en caso de que se trate simplemente de una reunión de trabajo, resulta aceptado que en verano se vaya simplemente con camisa de manga corta y corbata, aunque también es correcto la manga larga, tal y como hemos visto frecuentemente al Presidente del Gobierno.

2. Es muy importante la discreción en la ropa, salvo que pertenezcamos al mundo del espectáculo, pues en estos casos todo parece permitido, hasta el mal gusto.

3. Si la reunión es de tarde o mañana, se admiten los colores claros, pero de noche casi todo el mundo prefiere los colores oscuros. Las damas, por el contrario, al tener muchas más opciones, solamente deberán reservar los trajes de fiesta para la noche, y el resto para el día.

4. La ropa "de sport" no sirve para ningún caso, salvo para acontecimientos ídem.

5. Los zapatos estarán impecables, con discreto brillo, y mejor con cordones. Los varones los llevarán de color negro por la noche, y marrón o granate oscuros por las mañanas o tardes, enfundando a calcetines oscuros siempre largos y jamás blancos. Las mujeres con tacón algo más alto de lo habitual, nunca estilo mocasín.

6. Respecto a la camisa varonil la mejor es la blanca, de seda, aunque se permite el color crema, pero siempre sin rayas. Si somos amantes del estilo "cebra", hay que elegir una corbata lisa, y viceversa.

La vestimenta según la ocasión

Almuerzos

- Si se trata de una simple comida familiar, ha de predominar la sencillez y el buen gusto. También hay que tener en cuenta la época del año.

- Cuando vayamos al campo la vestimenta será más informal y deportiva que si fuera en la ciudad, utilizando zapatos y bolsos apropiados.

- Si se trata de una comida social se vestirá más formal, dependiendo de dónde sea la comida/cena y también de quién invite, pero no se utilizará traje de noche y las joyas no se llevarán en exceso.

A tomar café
- Se adopta el mismo criterio que en las comidas, ya que suele ser inmediatamente después de éstas.

A tomar una copa
- Según la hora y el tipo de asistentes, aunque lo normal es hacerlo con el mismo tipo de vestido que hemos acudido al trabajo.

A un cóctel
Las mujeres con un traje algo distinguido, nunca largo, admitiéndose toda clase de prendas (pantalones, faldas...), aunque los diseños y las telas serán algo más elegantes que en lo habitual. Los varones un traje sencillo.

A cenas
Según sea el tipo de cena, se vestirá traje de tarde, traje de cóctel o incluso traje largo.
Si se trata de amigos que se reúnen sin una causa definida, basta con un traje de tarde que sea algo más "elegante" de lo habitual, quizá un traje de chaqueta para las mujeres. De ser así, en la cena no está permitido quitarse la chaqueta nadie, y esto debe perdurar, salvo que estemos en familia y el anfitrión se la quite.

A bailes
Incluso cuando la fiesta empieza por la tarde se suele acudir con traje de noche.

Las mujeres usarán bolso pequeño de noche y zapatos a juego forrados con el tejido del vestido, y si necesita abrigo puede ser de piel en armonía con el vestido.

Es el momento de sacar esas pieles que nunca se lucen, lo mismo que alguna joya discreta y que armonice con el vestido, pero que no suponga el centro de atención.

Los caballeros traje azul marino o negro, aunque si el acontecimiento le requiere se pondrán el esmoquin.

Si los bailes son de gente joven, el atuendo puede ser más informal, pero sería deseable mantener las mejores tradiciones en el vestir. En cualquier caso, el calzado siempre de categoría.

Recepciones Oficiales

La vestimenta se indicará en la invitación. Si la invitación no indica nada, es preferible pedir información con suficiente antelación.

Allí también constará si se pueden llevar condecoraciones, en caso de que se posean.

Teatros, Conciertos, Ópera

Aunque hay quien desentona por su vulgaridad, sigue siendo un lugar adecuado para lucir un buen vestido, peinado y joyas. Solamente se admite cierto relax cuando la función es por la tarde o por la mañana.

Parte 2-b

El comportamiento

Aunque hay un comportamiento social básico que debemos dominar siempre en cualquier circunstancia, indudablemente cada situación nos exige unos modos en el hablar y estar que nos obliga a dominar con soltura cualquier circunstancia. Cuando alguien nos acusa de no saber "comportarnos", nos está diciendo que nuestra presencia puede llegar a ser molesta y hasta desagradable, lo que indudablemente nos cerrará cada vez más el círculo de amigos necesarios para sentirnos acompañados.

No es tan difícil "saber estar" en cualquier reunión social, tanto si se trata de gente sencilla como aristocrática, pues la educación es tan fácil de aprender que solamente requiere interés. Si tuviéramos que elegir dos mandamientos básicos serían: discreción y empatía. La primera cualidad es para observar más que para ser observados (así aprendemos rápidamente), y la segunda para ponernos en el lugar de nuestro anfitrión y del resto de los asistentes.

Las buenas maneras se practican y se perfeccionan lo mismo que cualquier otro aprendizaje, siendo la mejor escuela la propia familia y los amigos más próximos. Si estando entre ellos todos nos califican de educado, amable, culto y hasta cariñoso, con bastante probabilidad esa imagen es la que daremos en cualquier otro círculo social.

Aniversarios de bodas

Cada vez es menos frecuente que alguien nos invite a un aniversario de boda (algo que muchísima gente prefiere olvidar), pero deberemos estar preparados por si algún afortunado nos comunica esta buena nueva, o si somos nosotros mismos quienes estamos en posesión de esa llave mágica que se necesita para vivir el resto de nuestra vida junto a la misma pareja. Es posible que alguien nos invite al 25 aniversario de su boda (bodas de plata) y pocos son los que consiguen llegar al 50 aniversario de su boda (bodas de oro), no tanto por los fallecimientos como por los divorcios.

Curiosamente, estas celebraciones son promovidas por los hijos del matrimonio y todo se efectúa de manera similar a la primera boda, con iglesia incluida, aunque suele ser una ceremonia mucho más entrañable y sincera que la primera, con bastante menos pomposidad y en la cual no faltan los regalos, ni la tarta nupcial. Según nuestra experiencia, recibir una invitación para celebrar las bodas de plata de una pareja constituye hoy en día una rareza tan entrañable que debe motivar a la reflexión. Que una pareja decida revivir aquel momento tan importante en sus vidas y que quiera que su familia y amigos lo compartan con ellos, no es habitual en un momento social en donde las parejas celebran con más frecuencia su divorcio que sus 25 años de casados.

Indudablemente esta ceremonia, así como los preparativos, son similares a la primera boda, aunque nos encontramos con ciertas diferencias:

1. No hay petición de mano.
2. No es un requisito para mejorar nuestra vida.
3. No hay opositores, mucho menos los hijos.

4. No hay lista de regalos.
5. Todo es mucho más sencillo, incluso para los invitados.
6. Los trajes de los novios suelen ser más discretos.

Si embargo, se mantienen:

1. Las invitaciones, en las cuales se destacará el hecho diferencial con las otras bodas.
2. La ceremonia sigue siendo en la iglesia, con más razón si antes se hizo por lo civil.
3. El cura oficiante suele hacer un alegato contra el divorcio y a favor de las uniones sólidas.
4. Pueden actuar de padrinos los hijos.
5. El banquete es casi obligatorio.
6. Los regalos de los asistentes son más discretos.
5. El viaje de novios se mantiene, aunque ahora a un lugar que evoque recuerdos.

Bautizos

Ya sabemos que el bautizo no es para que el recién nacido se sienta feliz (en realidad supone para él un incordio tanto jaleo), y podemos decir que es una excusa más para invitar a familiares y amigos. En algunas religiones prefieren postergar ese momento para cuando el niño sea adulto, no solamente para que tome sus propias decisiones, sino para que sea consciente de que acaba de entrar a formar parte de una religión. Quizá, en un futuro, es muy posible que la iglesia renuncie a admitir como nuevo miembro a un recién nacido solamente por deseo de sus padres. Pero mientras tanto, es usted quien deberá respetar a la familia que decida bautizar o no a sus hijos, sin molestarles con sus propias creencias.

Recomendaciones:

1. Si ha aceptado acudir a la iglesia hágalo mostrando respeto por la ceremonia y sus fieles. Si sus creencias no son iguales, es más prudente decir la verdad y participar solamente de la fiesta que darán con posterioridad a la ceremonia religiosa.

2. No menosprecie a aquellos que prefieren inscribir al recién nacido en el Registro Civil y dar una sencilla fiesta privada en su domicilio. Su regalo debe ser igual de valioso que si le invitan a una gran fiesta en un restaurante de lujo.

3. El bautizo debería hacerse en la misma parroquia a la que pertenezcan los padres, aunque no sea muy ostentosa. Ante todo es una fiesta religiosa, no lo olvide, y nadie le podrá criticar si elige la humildad como norma para estos momentos.

4. Si le han propuesto ser padrino tenga en cuenta que supone un honor y no se le ocurra despreciarlo. De todas formas, si por su parentesco o amistad no quieren contar con usted ni siquiera para la ceremonia, no se ofenda, pues hay mucha gente que no quiere formalidades fastuosas en un momento tan importante de sus vidas, religiosamente hablando.

5. Un padrino no debería ser forzosamente una persona rica o bien situada económicamente. Si es usted sensible escogerá a aquella persona de su familia más solitaria y humana. Con seguridad, se preocupará mucho más por su ahijado que cualquier otro. Del mismo modo, si ha existido alguna fricción con algún miembro de su familia, nombrarle padrino de su hijo supondrá el final de las hostilidades para siempre. No olvide llevarle un buen regalo al niño, tanto si acepta ir a la fiesta como si no, procurando que más que un obsequio costoso sea algo entrañable y delicado.

6. Los primeros en llegar a la iglesia serán los padrinos y posteriormente los padres y abuelos con el bebé.

7. No es correcto llevar flores, como tampoco lo es ponerse vestidos de lujo o sofisticados. No confunda esa ceremonia con una boda. Elija un traje sencillo, discreto, aunque están admitidos los guantes y los sombreros. Para los niños, póngales algo de color blanco.

8. La persona que sostiene al bebé es la madre.

9. La posible fiesta, que insisto, debe ser mucho más fugaz que las bodas, se celebrará inmediatamente a la ceremonia, eligiendo el tipo de comida o aperitivo en función de la hora del día. Esta fiesta la pagan los padres del niño.

10. Si quiere hacer un regalo deberá ser siempre para el niño, siendo frecuente regalar objetos que años después aún sean útiles, como medallas, cucharitas de plata, algún libro conmemorativo, un marco con la foto o joyas.

11. Nadie debe discutir por el nombre que adoptará el niño. Ese privilegio es solamente para los padres.

Sugerencia:
No se olvide que en caso de ser nombrado padrino tiene la obligación de seguir haciendo regalos e interesarse por el niño hasta que se haga mayor.

Entrevistas de trabajo

Se trata de un momento clave en nuestras vidas y del cual depende con frecuencia todo nuestro bienestar. El principal problema con el que nos encontraremos es que vamos a ser observados minuciosamente y cualquier error será fatal. Nuestro interlocutor (que en ocasiones serán varias personas), nos escudriñará nuestro físico (lo bello, siempre vende), nuestra vestimenta, nuestros modales y, curiosamente en último lugar, nuestras aptitudes profesionales.

Si ya ha sido objeto de varias entrevistas se dará cuenta que ese currículo que usted tan escrupulosamente ha elaborado, aportando conocimientos y experiencias que la mayoría de las veces no son útiles para ese trabajo en concreto, es mirado rápida y superficialmente por su entrevistador, mucho más interesado en la conversación que mantendrán a continuación.

Hay tantos libros y sugerencias sobre el modo en el cual debemos encarar una entrevista de trabajo, que es difícil dar unas normas sencillas que sirvan para cualquier circunstancia. Eso es imposible porque cada trabajo es diferente, lo mismo que lo son el entrevistador y el aspirante.

Existen, sin embargo, algunos conceptos bien definidos:

1- Hay que estar preparado profesionalmente para el puesto que solicitan.
2- Debe ponerse en el puesto del entrevistador y tratar de comprenderle y saber qué espera oír de usted.
3- Hay que ser sincero.

Lo que nunca debería hacer en una entrevista:

1- Menospreciar a la empresa o al entrevistador.
2- Implorar el trabajo por cuestiones humanitarias.
3- Ir mal vestido por aquello de conservar su personalidad.
4- Llegar tarde a la entrevista.
5- Hablar mal, con palabrotas incluidas, de su anterior trabajo.

Estas son, en cambio, algunas reglas que siempre son útiles:

1- Tenga preparadas todas las respuestas sobre su persona y sobre su profesión.

2- Venda su imagen, pero sin petulancia y permitiendo que su entrevistador pueda interrumpirle con facilidad.

3- Demuestre que conoce los negocios de esa empresa.

4- Si tiene que añadir un currículo en ese momento, deberá estar bien presentado y redactado. La apariencia puede llegar a ser más importante que el contenido.

5- No estruje o deje la mano fláccida cuando salude. Deberá tener en cuenta la corpulencia de su interlocutor para saber cuánto apretar.

6- Cuide con esmero su cabeza y las manos; son lo que más se ven en una entrevista.

7- Lleve todo tipo de documentos sobre sus anteriores trabajos.

8- Antes de hablar, escuche a su interlocutor.

9- No fume pretextando que está nervioso.

10- Aunque piense que no va a ser admitido, despídase con gran amabilidad.

11- Aproveche para añadir algo de lo cual no se acordaba y que le parezca interesante.

12- Dígale que agradece la oportunidad que le ha dado y que espera su llamada.

Parte 3

LA HORA DE COMER

Parte 3-a

Poner la mesa

Aparentemente, poner una mesa adecuada parece sencillo, pues habrá platos, cubertería, cristalería y servilletas, y eso casi siempre debe ir colocado de modo similar. Sin embargo, lo que diferencia una y otra son los accesorios, los detalles, y hasta la distribución de los comensales. Indudablemente los utensilios empleados deberán ser lo mejor que tengamos, aunque hay ocasiones, como son los cumpleaños de los niños, en los cuales se impone, precisamente, guardar lo lujoso y sacar lo más resistente y práctico.

En las reuniones de negocios o con grupos heterogéneos, de los cuales no conocemos casi nunca sus preferencias, el mayor problema no está nunca en la mesa, sino en los alimentos, siendo necesaria cierta prudencia para no poner nunca platos exóticos, extraños o que requieran estómagos curtidos.

Lo más importante es el plato fuerte, mayormente el segundo, pues de él dependerá el éxito o el fracaso del resto de la comida. Tenga en cuenta que un aperitivo o unos entremeses pueden ser rechazados sin problemas por algunos de los comensales (más que nada porque tendrán dónde elegir), pero lo que se sirve en los platos parece que debe ser de ingestión obligada.

Cuando hemos decidido el menú tendremos que poner especial cuidado en los colores y la temperatura, distinta en cada época, pues una exquisita sopa, por ejemplo, podrá ser rechazada si la servimos muy caliente en pleno verano, lo mismo que si ponemos gazpacho frío en invierno.

El menú no debe ser necesariamente caro, aunque esto entra en oposición con la burguesía petulante, quienes ponen especial cuidado en elegir siempre la comida más cara, incluso la prohibitiva, pues creen que los comensales la valorarán más, aunque el sabor sea insulso. La ostentación de la fortuna puede ser contraproducente, tanto como la suciedad.

Las bebidas se ofrecen desde el inicio, y los aperitivos como el vermú, el ron o la cerveza, se acompañan con aceitunas, galletas saladas y algún canapé discreto, evitando que se puedan quedar saciados antes incluso de comer. Hay que obviar las patatas y los cacahuetes, demasiado saciantes, así como cualquier alimento o bebida que sea dulce. El aperitivo, repetimos, es para abrir el apetito y por eso se ofrecen bebidas amargas, no dulces.

El vino es recomendable ofrecerlo con la comida, y aunque parece ser que existe la costumbre de beber tinto con carne y blanco con pescado, no podemos imponer ese gusto a todos. A la hora del postre se sugiere un vino blanco dulce, y después el café seguido de coñac, anís y champán. Resulta también muy interesante cambiar de mesa para servir estas últimas bebidas, más que nada para romper con la monotonía de estar sentados; nuestras posaderas nos lo agradecerán y podemos prolongar mucho más la sobremesa. Por supuesto, en el caso de que no podamos cambiar de lugar, antes de poner los postres hay que recoger adecuadamente la mesa, no conservando ningún resto de comida, ni siquiera el pan. Un aromatizado café puede echarse a perder si aún perdura el aroma del pescado en salsa rosa.

El mobiliario

Es importante considerar el mobiliario con el que se cuenta. Las **mesas** pueden ser de distintas formas, cuadradas, redondas o rectangulares, y su elección se debe hacer en función del espacio disponible, con el fin de brindar a los invitados una estancia cómoda. Las mesas rectangulares y las redondas se apoyan sobre un pie central para evitar el problema de las patas y que los invitados se muevan con más libertad, mientras que la ventaja de las mesas cuadradas es que tienen la opción de unirlas para albergar a un mayor número de comensales. Tampoco la debemos poner abarrotada de utensilios y accesorios, ya que el uso de candelabros o flores ostentosas impiden la conversación y el libre movimiento de los comensales. Por supuesto, debe estar lista antes de la llegada de los invitados. Eso de "sentaros que ahora mismo pongo la mesa", no es correcto, ni siquiera en familia. La hora de la comida la sabían todos, invitados y anfitriones, por lo que los retrasos no son aceptados. El anfitrión puede retrasar algo la hora de comienzo de la comida pero los invitados nunca, puesto que involucran a todos con su mala educación. Un anfitrión a quien la comida se le ha retrasado por diversos motivos, siempre puede entretener a los invitados con un aperitivo o efectuando las presentaciones, pero el invitado no dispone de esos recursos. Si sabe que su llegada se retrasará debe avisar por teléfono explicando los motivos, insistiendo en que empiecen a comer por si acaso se le complican las cosas.

Las **sillas** guardan relación con la forma de la mesa, no debiéndose poner una silla corta para una mesa grande, ni viceversa.

El **mantel** debe ser en color crudo, blanco o perla, amplio y colgante, ya sea de lino o de encaje, aunque en el caso de que los invitados sean de confianza, especialmente si hay niños, pueden utilizarse manteles individuales adecuados. Hay quien pone un cubremesa acolchado debajo del mantel, evitando así que el invitado sienta la textura dura del tablón, además de que los platos y las copas no golpean ni se resbalan.

Los saleros y demás utensilios pueden estar aparte, pero bien a la vista para que puedan ser requeridos de modo individual.

La disposición de los invitados

Hay que prestar atención al momento de acomodar a los comensales, ya que si el evento exige protocolo los lugares en la mesa no son al azar. El invitado varón más importante (y éste puede ser simplemente quien celebra su cumpleaños) se sienta a la derecha de la señora de la casa, y a su izquierda el segundo más importante. La invitada más importante de la fiesta (generalmente, la esposa del primer invitado), se sentará a la derecha del huésped, y a su izquierda la segunda señora más destacada, y así sucesivamente en caso de más personas. Haciéndolo de este modo, los camareros sabrán en todo momento a quién deben servir en primer lugar. Cuando es una mesa redonda se hace de la misma manera.

Se pueden poner unas tarjetas personales con el nombre de cada uno de los invitados o indicarles su lugar a la hora de sentarse a la mesa. En caso de que no requiera de tanto protocolo, se recomienda sentar a los invitados con sus parejas, los niños con otros de su edad, y el resto de acuerdo a su carácter, empatía, edades o intereses, ya que la plática debe fluir agradablemente.

La disposición de los invitados en una mesa la decide el anfitrión, no dejando nunca a los comensales esta distribución, en ocasiones embarazosa. De una manera genérica, esta es una manera adecuada para distribuirlos:

- Los anfitriones ocuparán uno de los extremos de las mesas rectangulares, en un lugar que les permita levantarse sin molestar a nadie.
- A su derecha se sentarán las personas más importantes para ellos, ya sea por parentesco familiar o a causa del motivo de la fiesta. Si asisten familiares directos, padres o hijos, ellos deben ocupar ese lugar, aunque también se hallen presentes los duques de Edimburgo.
- Procure intercalar varones con mujeres, aunque sin que ello le obligue a separar a las parejas establecidas.
- Los niños siempre junto a sus padres, aunque si hay varios suele ser una buena medida ponerlos juntos para que no se aburran. No les obligue a que se queden en la mesa hasta que los mayores terminen los postres, el café y el licor.

Ojo:
Que nadie se altere cuando se caiga algún vaso, ni entre en la vulgaridad de tocar el vino derramado y decir "alegría, alegría". Deje que sean los anfitriones quienes limpien todo sin perder una sonrisa. Por supuesto, evite gritar si el culpable es un niño. Dígale con una sonrisa que no tiene importancia, puesto que con seguridad estará asustado.

Si los niños crean algún problema, lloran o no obedecen, nunca pierda la calma y tráteles con sumo cuidado. Por encima de los invitados están ellos y ya tendrá tiempo posteriormente de reprenderles por su mal comportamiento. Delante de la gente debe olvidar siempre sus propios problemas familiares o laborales y no aprovechar para sacar a relucir sus desavenencias matrimoniales.

Aunque los manteles de papel sean muy prácticos no se le ocurra ponerlos cuando tenga invitados, supone casi un desprecio hacia ellos. Por supuesto, eso mismo incluye a las servilletas que deben ser del mismo tejido y color que el mantel.

Aunque las flores o los adornos, especialmente las velas, queden muy bien en una cena romántica, sobran en una cena para amigos o familiares. No se olvide de sacar esa lujosa cubertería que solamente emplea para las grandes ocasiones, así como la vajilla ampliamente decorada. La explicación para tanto detalle es que los invitados agradecen siempre que se les haya tenido en cuenta y que se emplee con ellos ese interés en agradarles. Como advertencia principal, nos gustaría que fuera usted tan detallista con los amigos como con sus propios familiares, puesto que es mal síntoma que solamente saque lo mejor de su casa para los invitados y reserve lo peor para la familia.

No olvide estos detalles:

-Comer con delicadeza en público es una muestra de buena educación, comportamiento que implica no ofender el oído ni los ojos de los compañeros de mesa. Sorber en lugar de beber, triturar sonoramente en vez de masticar, así como tener los dedos impregnados en la grasa o salsa de la comida, son algunos detalles que le harán odioso.

- En la actualidad hay manteles modernos de colores, pero no son para una mesa de gala. Para una comida la mantelería puede ser de color, con incrustaciones de flores, o lisa de color pastel.

- En cuanto a la vajilla, lo más elegante es la porcelana y en cuchillería lo más fino es la plata.

- El mantel debe colgar unos 30 centímetros de cada lado, no debe tener ningún doblez, aunque se puede permitir el del centro.

- Entre comensales debe haber espacio suficiente para su comodidad. Calcular un espacio de 75 cm entre un asiento y otro

- El centro de mesa debe ser bajo. Si usa flores, éstas no deben tener un perfume muy fuerte.

- En cenas de gala se colocará primero un plato base que puede ser de plata o porcelana. Es un poco más grande que los demás y se retira junto con el plato fuerte. En un servicio menos elegante se ponen platos extendidos.

- La servilleta de tela se acomoda del lado izquierdo o encima del plato, poniéndola sobre las piernas en el momento en que empieza el servicio. Al acabar, se deja semidoblada al lado del plato.

- Todo lo que se le sirve al comensal es por la derecha, mientras que todo lo que se sirve el comensal es por la izquierda.

- El pan se parte sobre su plato especial o sobre el plato en que se está comiendo. Nunca se quita la miga.

- En los postres, si es pastel se usa el tenedor ayudado por la cuchara; si es un postre semilíquido se usa la cuchara ayudada por el tenedor.

- Los cubiertos que no se usan, de momento se dejan sobre el plato sin que caigan sobre la mesa. Al acabar se dejan en sentido paralelo uno junto otro, nunca cruzados; el cuchillo con el filo hacia adentro y el tenedor en el centro con los dientes hacia abajo.

- Se recogen los platos por el lado derecho y se repone el plato limpio por la izquierda.

- No se sirve el siguiente plato hasta que todos hayan terminado. Si hay migajas se retiran con un cepillo antes de traer el postre.
- Las copas se deben coger por la base. La única excepción es el coñac.
- Si se sirven licores con el café se llevan a la mesa en copas ya servidas.
- Cuando no se quiera tomar la bebida que ofrecen no debe colocarse la mano sobre la copa, basta con decir que no se desea más.
- Es conveniente contar con bebidas no alcohólicas, como jugos de fruta, para las personas que no beben alcohol.
- No se debe apoyar la botella en el borde de la copa al servir y se debe llenar sólo a la mitad. La canastilla se usa sólo para vinos añejos.
- El café puede servirse en la mesa o en algún salón contiguo.
- El comensal debe procurar no hacer cosas que puedan molestar a los demás, como fumar a media comida, cantar o discutir sobre política y religión.

Parte 3-b

Sobre la colocación de los platos y cubiertos

Para una ocasión formal, las reglas para poner la mesa son:

- El primer plato o el plato base, se coloca a 2,5 cm del borde de la mesa.

- La servilleta se puede colocar a la usanza estadounidense (izquierda), o europea (derecha), o en el centro del plato principal.
- El plato para el pan, con el cuchillo de untar mantequilla, va a la izquierda, por encima de los tenedores.
- El plato de ensalada va a la izquierda de los tenedores, pero si no se pone el plato de pan puede colocarse el de ensalada en su lugar.
- Encima del plato base se coloca el principal y sobre éste el de la entrada.
- Los cubiertos se colocan en el mismo orden en el cual van a ser utilizados, de fuera hacia dentro, y los últimos en usarse serán los más próximos al plato.
- Los tenedores se colocan a la izquierda; el de pescado afuera, el de carnes rojas dentro, mientras que el tenedor para mariscos se coloca junto con los cuchillos.
- A la derecha del plato se colocan la cuchara y seguidamente los cuchillos. Primero (el más lejano al plato) el cuchillo para pescado y luego, más cercano al plato, el de carnes rojas, ambos con el filo hacia el plato
- El tenedor para ensalada se coloca junto al plato.
- En el momento en que se sirve los cubiertos para el postre se colocan en la parte superior del plato, con el mango de la cucharita hacia la derecha (que estará más alejada del plato), seguida por el tenedor con el mango hacia la izquierda y por último, el más cercano al plato, el cuchillo, con el mango en igual dirección que la cucharita.
- Las copas, al estilo europeo, se colocan frente a los platos de derecha a izquierda, primero la de agua, luego la de vino tinto y por último la de vino blanco. La de champagne, de utilizarse, se coloca delante de la de agua.

Recomendaciones

1- Los cubiertos se sitúan poniéndolos en el mismo orden en que van a ser empleados, por eso habitualmente encontrará las cucharas en primer lugar y los de postre en el último. De esta manera se facilita también a los invitados el trabajo detectivesco que supondría averiguar cuál es el cubierto más idóneo para cada plato. Si los cubiertos requeridos son muchos, también puede entregar los del postre cuando llegue el momento.

2- Si los platos van a ser abundantes hay quien prefiere, por motivos prácticos, poner los tenedores en el lado izquierdo y las cucharas y los cuchillos a la derecha. El orden para utilizarlos será el mismo que antes indicábamos. Hay quien suele poner, por motivos poco claros, los cubiertos para el postre encima de los platos, junto con las servilletas. Respecto a estas últimas, es habitual ponerlas dentro de la copa del agua, mientras que otros eligen el lado izquierdo o en un servilletero.

3- Ese orden de empleo también nos puede servir para la cristalería, puesto que la copa del agua habitualmente se sitúa a la derecha y debe ser inexcusablemente la mayor. En este sentido hay varias modas, por lo que los invitados pueden despistarse y no saber cuál escoger. Nosotros le recomendamos lo mismo que con la cubertería.

4- El pan debe estar distribuido estratégicamente para que no haya que hacer contorsiones para llegar a él, lo mismo que las bebidas. Por supuesto, siempre cortado, aunque cuando lo tengamos ya entre nuestros dedos debamos fraccionarlo con las manos, nunca con el cuchillo. Y ya que hablamos de cuchillos no estaría más recordar que éstos deben tener el mismo tamaño que los cubiertos a utilizar. Si para la carne tenemos un tenedor grande, escojamos el cuchillo de su mismo tamaño.

5- No ponga vasijas especiales para lavarse los dedos y sustitúyalas por servilletas perfumadas y rodajas de limón.

6- Cualquier recipiente o bandeja que usted ponga con comida en la mesa, para que los invitados coman libremente, deberá disponer de los adecuados cubiertos para servirse, sin que las personas tengan que utilizar los propios.

Algunas controversias surgen a la hora de escoger la cristalería adecuada, según el líquido en cuestión, y solamente se acepta unanimidad en cuanto a que la mayor copa sea la destinada al agua. Por alguna razón extraña, en la mesa nunca se ponen vasos, reservándose para las reuniones más informales.

Como lo tradicional es poner vino, gaseosa y agua en las comidas, no tendrá mucho problema para disponer de la adecuada cristalería. Si pone vino blanco ponga copas altas y esbeltas, iguales que para el cava, mientras que si es tinto hay quien las cambia por las redondeadas.

Después puede incorporar las tradicionales copas redondas para el brandy, las minúsculas para los licores y hasta esas voluminosas jarras, delicadamente decoradas, para los amantes de la cerveza. El agua en grandes botellas de cristal o incluso en la misma botella comercial que se abrirá delante de los comensales, mientras que con el vino es de rigor servir una pequeña cantidad para que el bebedor lo pruebe y, presumiendo de saborear el bouquet, diga que adelante. Todos sabemos que le hubiera dado igual que le sirvieran otro cualquiera, pero por algún motivo oculto el camarero y el comensal se prestan a este juego ridículo de probar el vino.

Advertencias

- No ponga ceniceros en la mesa.

- No fumar hasta no abandonar la mesa.
- No deben existir restos de comida, ni en bandejas ni en los platos, cuando se sirva el postre y mucho menos con el café. El delicado y exquisito aroma de una taza de café no puede verse mezclado con restos de comida.
- Ponga cuchillos que corten fácilmente. De no ser así, puede dar la impresión de que la carne está dura.
- No ponga palilleros. Evitará que algún maleducado se hurgue la boca delante de todo el mundo. Los restos de la comida bucales se quitan en privado, en el cuarto de aseo.

Recuerde estos detalles

- El mantel debe estar siempre limpio, planchado y si es posible que combine con el color de la vajilla.
- Los tenedores van a la izquierda, con excepción del tenedor pequeñito de pescado que va a la derecha.
- Las cucharas y los cuchillos van a la derecha del plato, con el filo del cuchillo hacia el interior.
- Los cubiertos deben colocarse en el orden en que van a ser utilizados, comenzando por el exterior. El tenedor y la cuchara del postre se ofrecen después, así se evitará la confusión de cubiertos a la hora de comer.
- Si no tiene una vajilla completa, puede jugar armoniosamente con varios estilos. Los platos de postre o los de servir, por ejemplo, pueden ser diferentes a los restantes.
- Si su mesa es muy larga tenga siempre dos juegos de salero/pimentero, hielo, agua, etc.
- Generalmente se sirve primero el pescado y luego la carne porque su sabor es más fuerte.
- Las copas del agua y del vino se colocan a la derecha, en la parte superior de los cubiertos, con la copa del vino hacia el

exterior, y deben ser servidas a sólo tres cuartas partes de su capacidad.

- La persona que sirve el vino debe tomar en cuenta no levantar las copas de su lugar para servirlas. El vino debe ser servido cuando los invitados ya estén sentados.

- El plato de mantequilla, con el cuchillo sobre ella y con el filo hacia el interior, va al lado izquierdo a la altura de las copas.

- Para mayor versatilidad y contraste es mejor seleccionar la vajilla en un color neutro (blanco) y si le gustan los diseños, escoja uno que sea sobrio y simple. Esto le facilitará combinarlo con diferentes manteles y decorar la mesa con flores o frutas sin ningún temor, y pueden ser usados a cualquier hora y en cualquier ocasión.

- Para las mesas redondas de patio, compre manteles que hagan juego; pueden tener diseños y ser del color de su preferencia.

- Se debe decorar el comedor de acuerdo a la ocasión que se celebra, de acuerdo al número de comensales que se van a recibir y por supuesto, al tipo de comida que se va a servir.

Parte 3-c

Diferentes formas de poner y servir una mesa

En los restaurantes se usan distintos tipos de servicio de mesa, quizá porque muchas de las formas de servicio se originaron en las casas europeas y a través de los años han sido modificados para el uso en los restaurantes. Hoy en día cada tipo contiene características particulares que los distinguen; sin embargo, algunos restaurantes han combinado las características de dos o más estilos de servir de acuerdo al menú e imagen. Las cuatro formas tradicionales que se presentan son: el servicio francés, el ruso, el inglés y el americano.

Otros tipos particulares de servicio que se explicarán son: banquetes, estilo familiar, buffet, barra de ensaladas, barras de ostras, barras de postres y smorgasbord.

Servicio francés

Es un servicio muy formal originado en la nobleza europea y disfrutado por aquellos que dispongan del tiempo y del dinero para pagar su alto costo. Se distingue porque la comida se prepara o se termina en una mesa o carrito frente a los invitados. La comida se trae de la cocina a la mesa en vasijas de plata y se sitúa en un carrito llamado *guéridon*, acostumbrándose a usar una pequeña parrilla llamada *réchaud* para mantener la comida caliente. El platillo se cocina, se deshuesa, se rebana, se decora y se termina para luego servirse al comensal en platos pre-calentados, por lo que sólo los alimentos que pueden ser elaborados, o completados en poco tiempo, se pueden preparar frente a los comensales.

El servicio francés requiere de dos camareros que trabajen en conjunto para servir el alimento y puede incluir un maître que lleve los clientes a su mesa y un *steward* que sirva el vino. El camarero principal es el *Chef de Rang* (o camarero con experiencia), quien sienta a los invitados cuando el maître no está presente; toma el pedido, sirve las bebidas, prepara algo del alimento con teatralidad frente a la mesa de los comensales y presenta la cuenta. Su asistente es el *Commis de Rang*, quien recibe el pedido del *Chef de Rang* y lo lleva a la cocina; una vez que la comida está lista, desde la cocina la lleva a la mesa y el

Chef de Rang los sirve posteriormente al cliente. Además, retira los restos y debe estar siempre atento para asistir al comensal en cualquier momento que éste lo necesite. Todos los platos se sirven y se retiran por el lado derecho del cliente excepto la mantequilla, el pan, y la ensalada, que deben colocarse por el lado izquierdo del comensal.

Especial interés tienen los *Finger Bowls*, tazones que contienen agua tibia con pétalos de rosa o rebanadas de limón; se sirven con todos aquellos platos que se comen con las manos, como sigue ocurriendo con el pollo y la mayoría de los mariscos, al finalizar la comida. El tazón se coloca sobre una servilleta o carpeta en un plato pequeño. Además, se presenta colocando una servilleta limpia frente al comensal.

Los restos se retiran solamente cuando todos los clientes han finalizado de comer.

El servicio francés incluye un plato para entremeses, servilleta, tenedor, cuchillo, cuchara sopera, plato para pan, palita mantequillera, tenedor y cuchara para el postre, y una copa para vino o agua. Incluye los siguientes utensilios: plato para la mantequilla, palita mantequillera, tenedor, cuchillo, cuchara sopera, cuchara para postre, tenedor para postre, plato para entremeses, servilleta, copa para agua.

La ventaja más importante del servicio francés es que los clientes reciben una espléndida atención y el servicio es extremadamente elegante. Las desventajas de este servicio son: se atienden a un menor número de clientes; se requiere mayor espacio en el comedor; es necesario personal altamente calificado, y lleva mucho tiempo el servicio.

Servicio ruso

El servicio ruso es similar al servicio francés en muchos aspectos. Es muy formal y elegante, y al comensal se le ofrece una atención personalizada. Requiere el uso de vasijas de plata y el montaje de la mesa es idéntico al del servicio francés. Las diferencias más importantes son: se requiere solamente de un camarero para servir los platos y éstos son servidos en la cocina.

La comida se arregla en la cocina de manera muy atractiva en vasijas de plata. El camarero coge los platos pre-calentados y los lleva a su estación. Posteriormente, coloca un plato ante cada cliente por el lado derecho siguiendo las manecillas del reloj.

Para servir se sitúa del lado izquierdo del comensal y sosteniendo la bandeja con su mano izquierda muestra a cada cliente el plato. Después, con una cuchara y un tenedor grande, sirve la porción deseada a cada uno de los comensales. Continúa sirviendo alrededor de la mesa siguiendo las manecillas del reloj y devuelve a la cocina lo que no sirvió.

De igual manera que en el servicio francés, se sirven tazones con agua tibia y servilletas junto con los alimentos que lo requieran; retirándose los restos en el momento en que todos los clientes han finalizado de comer.

La ventaja de este servicio es que sólo se necesita un camarero y el servicio es tan elegante como el francés (más rápido y menos costoso). No requiere de un espacio extra para las comidas especiales, pero en su contra tiene la gran inversión en utensilios y vasijas de plata, y la cantidad de equipo necesario cuando cada comensal ordena una selección diferente. Otra desventaja es que el último comensal deberá elegir lo que resta de los platos menos apetecibles.

Servicio inglés

El servicio inglés se usa ocasionalmente para una cena especial servida en un área privada de algún restaurante, pero es típico en una casa privada donde los sirvientes asisten el servicio de la comida. Es frecuente también que este servicio sea contratado solamente para esa ocasión, delegando en una empresa incluso la elaboración de la comida y la puesta de la mesa con todos los utensilios necesarios.

De la cocina se traen las bandejas y los platos pre-calentados y se colocan ante el jefe de familia en la cabecera de la mesa. El jefe de familia corta y sirve la carne y si es necesario también las guarniciones; pasa los platos servidos al sirviente que estará situado a su izquierda y éste sirve a la señora de la casa en primer lugar, al invitado de honor y luego a los demás comensales. El postre se puede servir de esta manera también. Todas las salsas, guarniciones y en algunos casos los vegetales, están en bandejas en la mesa para que los comensales se sirvan a su gusto.

Servicio americano

El servicio americano es menos formal que el francés, ruso o inglés y es un estilo muy usado en los restaurantes. Se distingue por que la comida se sirve en la cocina, excepto la ensalada, el pan y la mantequilla, y la mayor parte de los alimentos se sirven en un plato único. Solamente hay un camarero o camarera para atender la mesa, presentándose la comida por el lado izquierdo del comensal y las bebidas por el lado derecho; los platos se retiran por el lado derecho.

La mesa para el desayuno americano y el servicio de *lunch* difiere de la mesa para la cena. El desayuno y el *lunch* son comidas muy simples y requieren sólo de una limitada cantidad de vajilla y cubertería. La cena incluye más tiempo y por lo tanto, más vajilla y más utensilios.

Los utensilios para el desayuno americano y el servicio de *lunch* incluyen: un tenedor, un cuchillo, una cuchara cafetera, una servilleta, un plato para la mantequilla y el pan, una palita mantequillera (opcional) y una copa para agua.

Al inicio del servicio de desayuno americano y servicio de *lunch*, se utilizan los siguientes utensilios: (I) plato para pan y mantequilla; (2) tenedor; (3) cuchillo; (4) cuchara cafetera; (5) servilleta; (6) copa para agua. Una palita para mantequilla podrá colocarse en el plato para pan y mantequilla.

Los cubiertos para el desayuno y el servicio de *lunch* se colocan aproximadamente a dos centímetros y medio del borde de la mesa. La servilleta se coloca en el centro y a su izquierda se sitúa el tenedor, mientras que a su derecha el cuchillo con el filo hacia adentro. La cuchara cafetera está a la derecha del cuchillo. La copa para agua se coloca justo enfrente de la punta del cuchillo y el plato para el pan y la mantequilla se colocan arriba del tenedor. Tradicionalmente, la palita para la mantequilla se pone en forma transversal en la parte superior del plato para el pan.

Cuando se sirve café, la taza y el platito se colocan a la derecha de la cuchara cafetera, mientras que a la izquierda del tenedor se coloca un plato para pan tostado. El plato servido se coloca en el centro, y las guarniciones y aderezos se colocan en puntos convenientes cuando se sirve la mesa.

Para la cena, el servicio americano incluye: dos tenedores, un cuchillo, una palita para la mantequilla y pan, dos cucharas cafeteras, plato de servicio opcional, servilleta, un plato para pan y mantequilla y una copa para agua.

E] servicio se coloca aproximadamente a dos puntos cinco centímetros del borde de la mesa. La servilleta se coloca en un plato base o simplemente en el centro, y los tenedores a la izquierda de la servilleta. El cuchillo está a la derecha de la servilleta, después se colocan en orden la palita mantequillera y dos cucharas cafeteras. El cuchillo con el filo hacia adentro. La copa para agua se coloca arriba de la palita, y el plato para el pan y la mantequilla se centran arriba de los dos tenedores.

Cuando se pide una sopa se presenta siempre, ya sea en plato hondo o en tazón, con un plato base y se coloca en el centro del espacio asignado. El plato para la ensalada se sitúa a la izquierda de los tenedores, y el café a la derecha de la cuchara. El plato de entrada se coloca en el centro del servicio.

Servicio de banquete

El servicio de banquete consiste en servir una comida a un grupo de personas que tienen determinado un menú, un número de comensales y el tiempo del servicio. Por lo general, el camarero acomoda la mesa de acuerdo al servicio americano modificándolo acorde al menú. Por ejemplo, las cucharas soperas o cuchillos para carnes podrán ser parte del servicio inicial, y si se incluye una entrada fría, como zumo de tomate, cóctel de camarones o una ensalada, se coloca un momento antes de que los comensales se sienten en la mesa. En este momento también se sirve agua fría, las porciones de mantequillas se colocan en los platos para el pan y la mantequilla, y ponemos canastas de panes calientes en las mesas.

Quien preside la mesa se sirve primero, después se sigue con el resto de las mesas. Frecuentemente, por la simplicidad del servicio, el camarero de banquetes puede servir a más comensales que en otros tipos de servicio.
La comida es preparada en la cocina y servida al comensal con el estilo de servicio americano usual.

Las ventajas del servicio de banquete son que el menú y el tiempo de servicio están pre-determinados; lo que tiene como resultado una rutina simple que se logra con menos camareros en comparación de otros tipos de servicios. Una desventaja es que los comensales reciben muy poca atención personalizada debido a que están sentados uno a continuación de otro haciendo difícil servirles adecuadamente.

Servicio estilo familiar

El servicio estilo familiar es una modificación informal al servicio americano. Tanto la preparación preliminar como cocinar los alimentos o cortar la carne, se realiza en la cocina. Después la comida se coloca en vasijas grandes y en bandejas, y se decoran apropiadamente. El camarero pone la comida en el centro de la mesa y los comensales se sirven ellos mismos la cantidad deseada.
El servicio que brinda el camarero es mínimo debido a que éste sólo coloca la comida en la mesa, sirve las bebidas, trae los condimentos y retira los restos. Las bandejas y vasijas contienen sólo la cantidad suficiente de comida para el número de

comensales que sean. Si existiera la consigna de "todo lo que pueda comer" en el servicio estilo familiar, los camareros deberán completar las fuentes si así fuese requerido.

Las ventajas es que se trata de un estilo tan simple de servir que resulta adecuado para los nuevos camareros que no han aprendido los detalles del servicio. Este tipo de servicio es rápido, ya que los clientes se sirven a sí mismos, por lo que el camarero podrá atender a más gente que cuando se use un tipo de servicio más formal. Las desventajas son que los clientes reciben menos atención personal y deben servirse de las fuentes que van siendo menos atractivas a medida que más clientes se sirven.

Servicio buffet

Es un tipo de servicio en el cual los clientes seleccionan su comida desde las fuentes atractivamente arregladas que se presentan en las mesas. Los clientes o se sirven a sí mismos, o son atendidos por *Chefs* que están de pie detrás de las mesas de buffet. Usualmente, el servicio combina ambos tipos: los clientes seleccionan las ensaladas, aderezos, vegetales y la carne la sirven los *Chefs*, lo mismo que algunas bebidas.

La cubertería y las servilletas están convenientemente ubicadas en la mesa para que los clientes las recojan al servirse o, a veces, existe otra mesa auxiliar que incluye el pan, la mantequilla y los condimentos que también pueden estar en las mesas del comedor. Las actividades del camarero variarán dependiendo del diseño del buffet. El personal puede servir solamente bebidas y postres o pueden servir algunos platos tales como los entremeses y la sopa a los clientes.

Una ventaja del servicio de buffet es que los alimentos se pueden exhibir de una manera muy atractiva. Sin embargo, esto puede ser también una desventaja si no se tiene cuidado en mantener la selección de alimentos completas y atractivas. Otra ventaja, es que el personal puede atender a muchos comensales al mismo tiempo, aunque éstos reciben menos atención que en el servicio de mesa. No obstante, es el servicio más adecuado para comidas de empresas o convenciones, pues permite a las personas una gran libertad de movimiento. Además, al carecer de sillas, se resuelve el problema de espacio.

La elegancia del buffet puede ser tanta como se desee y eso dependerá de la forma de arreglar la mesa y del menú que haya elegido.

Es importante ofrecer distintos platos bien combinados y equilibrados, acomodados a los lados de la mesa, y convenientemente adornados, procurando que todo esté bien caliente antes de servirlo y colocando suficientes cucharas de servir para cada plato.

Los postres y pasteles se ponen en los extremos de la mesa y si no cabe todo, se colocan en un carrito junto con las tazas, las cucharitas y el café.

Los platos vacíos se ponen uno encima del otro formando una columna y los cubiertos de una forma decorativa junto con las servilletas de tela o de papel, pudiendo ir enrolladas en los cubiertos dentro de una canasta.

En una mesita cercana se colocan los vasos, las copas, las botellas de vino, los refrescos, el agua y el hielo, le que hará más fácil el trabajo de estar sirviendo bebidas a cada invitado. Procure que esta zona siempre esté limpia y le aconsejamos colocar un cenicero muy cerca. Generalmente aquí se reúnen varias personas a un mismo tiempo.

Barra de ensalada

La barra de ensalada es un concepto relativamente nuevo de autoservicio, en el cual cada cliente tiene la oportunidad de preparar su propia ensalada partiendo del atractivo arreglo de vegetales frescos y frutas que se presentan. Al comienzo de la barra de ensaladas, están disponibles tazones y platos adecuados; también se presentan galletas, palitos y una variedad de aderezos. Este servicio es muy frecuente que esté amparado con el nombre de "barra libre" y lo podemos ver frecuentemente en restaurantes, hoteles y cruceros.

En barras de ensaladas un poco más elaboradas los clientes pueden encontrar sopas, una variedad de quesos y de panes, así como incluso arenques, sardinas, jamón en lonchas y ensalada de atún. En este caso, el camarero debe primeramente recibir la orden de la comida y de vino, y luego informar al cliente cuándo puede pasar a servirse de la barra. El camarero debe quitar los platos usados de ensaladas y estar pendiente de las bebidas.

Mesa de postres

La mesa de postres constituye el gran final de una comida donde se exhiben pasteles, pastas, fruta fresca, quesos suaves, de manera muy atractiva. Los platos de postre y los tenedores están al comienzo de la mesa, sirviéndose el mismo cliente.

Al igual que el servicio de buffet convencional, tanto la barra de ensaladas como la mesa de postre se pueden presentar de una manera muy atractiva, exigiendo muy poco trabajo para el camarero, ya que el cliente se sirve su propia ensalada, sopa, pan, entremeses o postre. Esto permite que el camarero disponga más tiempo para atender a un mayor número de clientes y a su vez, permite que se tenga mayores oportunidades de recibir propinas. La desventaja es que al igual que en el buffet, se necesita completar constantemente las fuentes para evitar que se vean poco atractivas, ya que esto puede generar quejas. También la coordinación con la comida puede tener sus inconvenientes, pues el camarero debe ser capaz de coordinar el autoservicio del cliente en la barra de ensaladas con el servicio del resto de la comida.

Parte 3-d

Reglas de comportamiento para los comensales

Es regla universal que el momento de empezar a comer lo decida la anfitriona y en su defecto el varón, por lo que no debe demorar esto por estar conversando o cualquier otra circunstancia no excusable. Aun cuando alguien se retrase en llegar, usted puede iniciar la comida y no será falta de educación, puesto que el informal es quien llega tarde. Debe evitar que por algún retrasado la comida se enfríe o se deteriore por permanecer demasiado tiempo en los platos.

Siga estos consejos y siempre quedará bien:

- No coma tan despacio que obligue a los demás a esperarle para el segundo plato. Si se retrasa, diga que no quiere más.
- Los ruidos al comer se mitigan comiendo todos al unísono y el mismo tipo de alimentos.
- Si los comensales se sirven ellos mismos de una fuente que les muestra el camarero, se comienza por servir la persona situada a la derecha del anfitrión, aunque actualmente hay una tendencia a

efectuarlo en el mismo sentido que las agujas del reloj. No olvide dar las gracias a los empleados cuando le hayan servido, aunque con un simple gesto puede ser suficiente.

- Si hay pocas personas puede servir primero a las mujeres, aunque es posible que alguien lo considere sexista, con cierta razón.

- Si la comida es más íntima evite traer los platos desde la cocina y mejor ponga todos en su sitio y sitúe las fuentes para que cada comensal coja la cantidad que le guste. Otra buena solución es situar una mesa con todos los alimentos y que cada cual se levante para coger lo que guste y cuando le guste.

- En el momento de servir el café, copa y puro, toda la mesa debe estar ya libre de alimentos.

Trucos:

1- Si tiene que llamar al camarero bastará con mirarle. Si no es suficiente, levante discretamente la mano, y si todo es inútil, en lugar de llamarle a gritos levántese y vaya en su busca.

2- Si le presentan una carta con platos que tienen nombres extraños para usted, sea sencillo y pregunte a su compañero o al camarero de qué se trata ese plato determinado.

3- Nunca pregunte si el pescado o la carne es congelado.

4- Si le han invitado a un restaurante no pida nunca, bajo ningún concepto, los platos más caros. Lo mejor es pedir consejo a quien le ha invitado, así toda la responsabilidad recaerá sobre él. De igual modo, cuando desee algo en especial no lo haga directamente al camarero y manifieste su deseo al anfitrión.

5- Si es una reunión de amigos hay que dejar claro, con cierta educación, quién se hará cargo de la cuenta. Lo habitual es dividir la cuenta a partes iguales ("a escote"), pero es muy importante aclararlo antes. Es mejor así que finalizar de comer y no saber a quién corresponde pagar. Si nadie ha propuesto nada en concreto y ninguno es millonario, sea usted mismo quien diga que lo mejor es pagarlo entre todos. No se le ocurra pedir a usted la cuenta porque pensarán que desea pagarlo todo, aunque afortunadamente siempre hay alguien que aprovecha ese momento para decir quién o quiénes van a hacerse cargo de la minuta.

6- No deje propina en las fiestas organizadas, ni mucho menos cuando es usted el invitado. Si le corresponde pagar a usted, el término medio es un 10% del total.

El arte de manejar la cubertería

Unos utensilios que se inventaron para facilitarnos la labor de comer se convierten en ocasiones en un tormento para las personas. Y es que algo tan sencillo como tomar una sopa con cuchara o cortar un filete, los sibaritas lo han convertido en una técnica tan sofisticada que se hace insoportable para quienes gustamos de la sencillez.

Todos hemos asistidos atónitos a esos espectáculos de la gente supuestamente bien educada quienes, en un alarde de cursilería, mantienen su copa de champaña tan delicadamente entre sus dedos, que nos hace dudar que sea cierta esa teoría sobre la gravitación universal que divulgó Newton. Pues este mismo alarde de estilo lo mantienen algunos cuando cogen la cuchara, de manera tal que mantienen siempre su dedo meñique aislado del resto.

Del mismo modo, nunca nos podremos explicar cómo consiguen cortar la carne esas personas que conservan sus codos tan herméticamente pegados a los costados, en franca oposición a quienes prefieren machacar con ellos a sus compañeros de mesa.

De lo que se trataría, pues, es de lograr un equilibrio tratando de controlar, simultáneamente, los codos y el filete.

Ya hemos aconsejado en otras ocasiones que, ante cualquier duda, hágase el remolón y deje que los demás empiecen a comer y así sabrá con certeza cómo se come tal alimento y cómo se emplean los cubiertos. También puede evitar comer aquello que le sea desconocido, aunque es posible que no tenga opción a elegir cuando le invitan a comer.

Las reglas básicas ya las sabemos, como son apoyar la cuchara en el dedo corazón y sujetarla con el pulgar e índice, posición esta que adoptaremos cuando empleemos tanto el tenedor como la cuchara, por ejemplo para recoger los guisantes.

También se manejan por igual el tenedor y el cuchillo en la operación de sujetar y cortar los alimentos, empleando el dedo índice para presionar y el pulgar para controlar los desplazamientos. En esta operación la labor más delicada es cuando el dichoso filete se resiste a ser cortado y la fuerza de la muñeca se muestra insuficiente para cortarlo totalmente. Nuestro instinto es levantar el codo para aumentar la palanca, algo que está tan mal visto como sonarse los mocos en la mesa. Resulta mucho más práctico y sencillo pedir un cuchillo que realmente corte, con lo cual delegamos la responsabilidad a los inadecuados cubiertos. Por supuesto, nunca se lleve el cuchillo a la boca para comer.

Algunos detalles:

1- No corte todos los trozos pacientemente y luego proceda a comer. Hágalo de uno en uno y deje lo que no quiera tan entero como se lo sirvieron. Solamente hay una excepción: los niños. A ellos se les perdona esto y todo lo demás, por lo que evite regañar a un niño que no sepa cómo y cuándo se debe comer. Si lo hace, quien quedará como un maleducado es usted, y no el pequeño.

2- No incline el plato de sopa para apurarlo hasta el final. Deje la cuchara encima cuando termine.

3- Cuando tenga que coger alimentos de una fuente y tenga miedo que se le caigan en el camino, emplee la cuchara para cogerlos y el tenedor para sujetarlos en su recorrido, pero hágalo con las dos manos. Olvídese de esas técnicas chinas que permiten hacerlo con una sola mano.

4- Haga un uso discreto de la servilleta y, por supuesto, nunca se la lleve a la nariz. Tampoco la ponga en la mesa convertida en un buñuelo de viento aplastado.

5- Cuando termine, ponga los cubiertos dentro del plato. El único que tiene permiso para poner un tenedor sucio de nuevo en la mesa es el camarero. No me pregunten la razón, porque no la sé.

6- Ya sabemos que una de las mayores habilidades es conseguir comer el pollo sin mancharse las manos, aunque la mayoría de la gente prefiere pelearse con el tenedor y el cuchillo antes que hacerlo así. Con respecto a esto último, parece ser que la moda trata de frenar esa costumbre de comer ciertas carnes con las manos y si usted elige emplear los cubiertos seguramente quedará como un caballero. Con el fin de no hacer un ejercicio de potencia pura, cuando tenga que cortar un pollo o similar, busque siempre las articulaciones e incida el cuchillo en los tendones.

7- Un problema adicional es que le hayan puesto el pollo o el conejo ya troceado, puesto que le será casi imposible comerlo con cuchillo y tenedor, especialmente las alas. Puede hacerlo con las manos, más precisamente con las yemas de los dedos, pero evite, bajo cualquier circunstancia, chupar los huesos por mucho que le tiente hacerlo.

8- Si es usted aficionado, como cualquiera, a mojar la salsa con el pan hágalo discretamente y con el tenedor, pero no repita más de tres veces la osadía. Por supuesto, ni se le ocurra mojar pan en las bandejas comunes o las ensaladas.

9- Ya sabe que existen algunas otras excepciones para comer con las manos, como el marisco y los crustáceos, pero no acapare demasiados porque se mete demasiado ruido para romperlos. Al comerlos, trate de evitar hacer ruido con la boca como si estuviera dando un beso profundo. No hable nunca con nadie, si puede evitarlo, mientras está inmerso con manos y boca en comer placenteramente uno de estos alimentos. Sin quererlo, perdemos algo nuestra compostura y nuestras inmaculadas manos y boca presentan, de momento, un aspecto poco agradable. Disfrute de la comida, coma con tranquilidad, y espere a que nuevamente se encuentre limpio y aseado para tratar de ligar con quien ya ha elegido hacerlo.

10- Los trozos de queso se pueden tomar indistintamente con las manos o pincharlos con un tenedor, aunque hay quien aconseja ponerlos en un trozo pequeño de pan y llevárselos así a la boca.

11- Una incongruencia es poner cuchillos de postre para comer tartas, puesto que lo habitual es hacerlo con tenedor y ayudarnos con una pequeña cuchara si se resiste a salir del plato.

Consejos:

- Tome el consomé bebiéndolo como si fuera café. Cuando termine, deje la cuchara en el plato.
- Sea discreto a la hora de tomar mejillones y ostras, no se los meta en la boca en su totalidad para luego escupir la concha. Un término medio es lo mejor.

- Con las alcachofas enteras es imposible no mancharse las manos. Separe las hojas y rasgue su carne con los dientes, previamente untadas en la salsa.

- Suponga que está untando minuciosamente una rebanada de pan tostado, de ese tan crujiente y frágil, y súbitamente se le parte en diez pedazos, cada uno de un tamaño diferente. No se ponga nervioso. Coja los trozos mayores, cómalos y deje el resto donde estaba. Ni se le ocurra tratar de limpiar la mesa porque no lo logrará.

- Allá donde vayas haz lo que veas, dice el refrán, y eso sirve para comer la fruta. Si le han puesto tenedor y cuchillo deberá emplearlos aunque no tenga ni idea de cómo hacerlo.

He aquí algunos ejemplos para comer adecuadamente la fruta:

1- El plátano se admite pelarlo y comerlo con las manos, pero también denota educación cortar los extremos, abrirlo longitudinalmente con el cuchillo y luego comerlo a rodajas. Esta técnica no es necesario que la emplee en familia, pero puede aprovechar para aprender.

2- Las manzanas y las peras se suelen cortar sobre el plato en cuatro trozos y una vez eliminado el corazón se puede comer con o sin cáscara.

3- Las naranjas son un serio problema para pelarlas artesanalmente, tal y como hemos visto realizar a camareros expertos. Si lo intenta es posible que se quede usted solo en la mesa mientras sus compañeros están ya en sus casas. Un término medio es cortarla en varios trozos y comerla luego con las manos, aunque nadie le dirá nada si prefiere hacerlo al modo tradicional: cuchillo para la cáscara y luego comer uno a uno los gajos. Recuerde que es frecuente que en esta operación salga con fuerza hacia nuestro compañero de mesa un chorro de zumo, directo justo hacia sus ojos. Si tiene miedo de que esto suceda emplee entonces cuchillo y tenedor para cortar los gajos.

4- El melón es sencillo, puesto que bastará con cortar pequeños gajos con el cuchillo y llevárselo a la boca con el tenedor, siempre y cuando al anfitrión lo haya presentado ya previamente sin cáscara y pepitas. Si quedan restos de pepitas, y eso vale para la sandía, utilice un tenedor para dejar todo bien limpio antes de comer.

Sugerencias:

- Trate de usar juntos tenedor y cuchillo, evitando manejar el tenedor en solitario.
- La servilleta siempre sobre las rodillas y cuando termine no la doble aunque esté sin usar.
- No sorba la sopa con la cuchara; deposítela en su boca.
- No corte más pan que aquel que vaya a comer, evitando, por tanto, dejar trozos mordisqueados en la mesa.
- No prepare minuciosamente el pescado antes de comerlo. Quite las espinas y la piel a medida en que lo vaya comiendo.
- Los mejillones los puede comer con la ayuda de un tenedor. Sepa que se admite beber el líquido que contienen, pero hágalo sin ruido.
- Quite antes la piel al pescado y así lo podrá manejar con facilidad.
- Nunca corte los espaguetis o macarrones. Prenda con el tenedor un par de fideos, envuélvalos y lléveselos a la boca rápidamente para que no acaben de nuevo en el plato. Si aun así se le caen, utilice una cuchara como soporte.
- Cuando pele las gambas, ojo con las salpicaduras.

Parte 4-a

Matrimonio

DOCUMENTACIÓN NECESARIA PARA CONTRAER MATRIMONIO CIVIL

La solicitud ha de realizarse por ambos solicitantes que han de comparecer CONJUNTAMENTE ante el Registro Civil correspondiente al domicilio de cualquiera de ellos.

DOCUMENTOS
1. Certificación LITERAL de nacimiento de ambos, expedida por el Registro Civil correspondiente al lugar de su nacimiento
2. Certificación de empadronamiento o residencia acreditativa del domicilio de los DOS ULTIMOS

93

AÑOS de ambos solicitantes. Las expide el Ayuntamiento y caduca a los tres meses.
3. Instancia (una sola firmada por los interesados)
4. Declaración Jurada o afirmación solemne del estado civil de los solicitantes.

Además de los documentos anteriores deberán aportarse:

POR LOS MENORES DE EDAD:

- Si son mayores de 16 años en la certificación literal de Nacimiento debe constar nota marginal de emancipación.
- Si son mayores de 14 años y menores de 16 deben obtener previamente la dispensa judicial.

POR LOS DIVORCIADOS O ANULADOS DEL MATRIMONIO ANTERIOR.

- Certificación literal del matrimonio anterior, con anotación marginal de DIVORCIO o NULIDAD.
- Las sentencias de divorcio dictadas fuera de España necesitan el Exequatur de las mismas (convalidación Sala 1ª del Tribunal Supremo)

POR LOS VIUDOS:

- Certificación literal del Matrimonio anterior y certificación literal de Defunción del cónyuge anterior fallecido

POR LOS EXTRANJEROS:

- Certificación de inscripción consular del interesado, con expresión del domicilio del mismo, tiempo de residencia en España y lugar de procedencia del mismo.

- Además deberá acreditarse si la ley personal de su país exige la publicación de edictos al contraer matrimonio civil en España.
- En algunos casos deberán aportar CERTIFICADO DE CAPACIDAD MATRIMONIAL.

POR LOS ASILADOS, REFUGIADOS POLÍTICOS O SOLICITANTES DE ASILO O REFUGIO.

- Deberá aportarse certificado de la Dirección General de la Policía, o del A.C.N.U.R., o de la Cruz Roja Española, o de otro Organismo Competente, con todos los datos personales de los interesados (Nombre, apellidos, fecha y lugar de nacimiento, nombre de los padres, sexo, estado civil y domicilio actual) acreditativo de su condición de tales.
- Toda la documentación que no sea española deberá traducirse por traductor jurado y legalizado por el consulado respectivo (tanto el original como la traducción) el Ministerio de Asuntos Exteriores C/ Goya, Nº 6.
- La apostilla de la Haya sustituye a la legalización de documentos.
- Aquellos solicitantes que no sepan hablar el castellano deberán comparecer asistidos de traductor jurado o intérprete.
- También debe presentarse por todos los solicitantes fotocopia del documento identificador: D.N.I., pasaporte o tarjeta de residencia.

La importancia

Supone una de las ceremonias más importantes para las sociedades del mundo entero, aunque no todos eligen celebrarla de la misma manera. Es tan fastuosa y aparatosa que se ha convertido en una ceremonia sumamente compleja que requiere varias personas para llevarla a buen fin.

Con anterioridad a ello, en las parejas que forman parte de la alta sociedad, todavía es costumbre comunicar la formalización del compromiso, momento en el cual aprovechan para decir cuál será el día probable. La fecha definitiva, ya lo sabemos, dependerá de la parroquia y del restaurante donde vayamos a realizar la fiesta. En la actualidad los compromisos no se anuncian y son vividos así mucho más intensamente por la pareja. Solamente los padres se enteran cuando les anuncian que "son novios" y que "vamos a casarnos". Si es usted uno de ellos no se le ocurra realizar advertencias del tipo de "¿lo has pensado bien?", ni mucho menos "creo que ese chico/a no te conviene". La decisión de unir nuestras vidas con la de otra persona es totalmente individual y ningún comentario negativo debe exponerse, ni siquiera con la excusa de estar diciéndolo "por tu bien". Por supuesto, se admiten los comentarios aleccionadores, los buenos augurios y la ayuda necesaria.

Antes de casarse, he aquí algunas sugerencias:

- No planee casarse después de unas vacaciones, ni cuando estén inmersos en una noche de pasión. En esos momentos la situación es demasiado maravillosa y tendemos a sobrevalorar la vida en pareja.
- No pida consejos a nadie sobre lo que debe hacer. Puesto que el camino del matrimonio lo tendrá que recorrer usted solo,

también deberá ser exclusivamente suya la decisión de llevarlo o no a cabo.

- Decida con su pareja el cuándo, el cómo y el dónde, de su próxima boda. No acepte imposiciones de nadie, aunque puede escuchar sugerencias que solamente pretendan ayudar.

- No delegue en los demás sus propias responsabilidades y organice toda su futura vida con su pareja.

- Aunque "pedir la mano" de la novia ya no se estila, debería comunicar su intención a los padres de la chica por respeto a ellos. Si lo hace, aproveche para explicarles dónde y cómo vivirán una vez casados. En el caso que considere que su vida le pertenece a usted solo, no pida ayuda luego si las cosas no le salen bien.

- Tampoco es obligatorio, nada ya lo es, que los padres de uno y otra se conozcan, pero es una costumbre que parece ser ayuda bastante a la propia pareja. Si existen hostilidades entre ambas familias, corresponde a la pareja de novios suavizarlas.

- Si ha habido divorcios y segundos matrimonios en la familia, deberá evitar mezclar los antiguos con los nuevos y para que todos estén contentos a veces es necesaria mucha diplomacia.

Los preliminares:

- Aprovechando la reunión entre familias es cuando los novios se pueden intercambiar los regalos de compromiso. Lo más habitual, aunque en franco retroceso, es que ella le regale un anillo a él (en ocasiones pagado por el propio novio, con lo cual el regalo se lo hace a sí mismo), mientras que el chico es frecuente que se incline por un clásico anillo de pedida. Como todas estas costumbres pueden parecer ya un poco desfasadas, lo que recomendamos es que ambos novios se regalen algo más personal, ceremonia que pueden sellar con un gran beso.

- Tratándose de segundas nupcias, si ambos contrayentes ya han pasado por el altar con anterioridad, pueden realizar la invitación ellos mismos.

- En la parte inferior de la tarjeta, en el centro, se pueden colocar las siglas RSVP, del francés: *respondez s'il vous plais*. Se indica así que se espera confirmación de la asistencia en caso de tratarse de fiestas de gala. También es factible usar las siglas SRC: se ruega contestar.

- El protocolo indica que toda invitación debe contar con un horario de inicio, y un horario de finalización. No está bien considerado llegar antes de la hora indicada, o marcharse más tarde. Solo los asistentes más allegados pueden saltarse esta norma.

- Si el lugar de la ceremonia no es muy conocido se debe indicar además su localización.

- Las participaciones o tarjetas de boda pueden ser todo lo atrevidas y originales que se deseen, aunque sigue siendo una nota de buena educación incluir los nombres de los padres de la novia en el margen superior izquierdo, y en el derecho los del novio. Si se busca un diseño clásico conviene usar papeles con tonos claros. Blanco o marfil. Con texturas como Kimberly o Crane. Los tipos para el texto de la invitación de boda deben ser clásicos, y los grabados, si los hay, sobrios.

-El nombre de los invitados y cualquier frase que quieran incluir, siempre efectuadas a mano. Si los padres están divorciados y han contraído nuevas nupcias, deberá figurar en las tarjetas los padres biológicos, sin especificar ni aclarar nada.

- Se supone que todas aquellas personas que reciben esta tarjeta están invitadas a la iglesia y al banquete. Si está usted invitado, comunique cuanto antes su asistencia.

- Si el compromiso se rompe, serán los novios los que deben apechugar con el problema y comunicarlo a sus respectivas familias. De todas formas, mi consejo es que no anulen rápidamente los compromisos con la iglesia, el juzgado o el restaurante, puesto que también es habitual que después de meditarlo decidan continuar con los preparativos. El recelo a perder la libertad, a equivocarse de pareja y a las dificultades económicas, suele asustar a la mayoría de las parejas. De todas maneras, quisiera recordarles que nada, ni nadie, pueden garantizar a los futuros esposos que van a ser felices eternamente. La felicidad les llegará, como a todos, en pequeñas dosis y deberán ser capaces de valorarla cuando el destino se la ponga a su alcance.

- Si el compromiso se anula definitivamente, evite romper los regalos que le han hecho y sea humano devolviéndolos a su pareja, especialmente si se trata del rosario de su madre. La estupidez y los malos modos en esos momentos no le ayudarán en absoluto para sentirse satisfecho consigo mismo. Tampoco den explicaciones a nadie sobre las causas de la ruptura. Sencillamente digan que ya no tendrá lugar.

- Si es usted divorciado/a tenga en cuenta que posiblemente su nueva boda cree resquemores y dolor en muchas personas. No pretenda invitar a quien no desee acudir y esta recomendación se hace especialmente extensiva a los hijos del anterior matrimonio. No todos los hijos están en disposición de admitir que sus padres se vuelvan a casar y mucho menos a participar en su boda. Discúlpelos con cariño si no desean acudir, pero nunca les obligue con sobornos morales. No emplee nunca palabras como: "no me hagas esto" o "debes comprender que tengo derecho a rehacer mi vida". Quien debe comprender siempre al otro es el que se casa de nuevo, nunca al revés.

No olviden que habitualmente:

- Los padres de la novia suelen ser quienes paguen el festejo, además del alquiler del coche, las flores, el vestido de ella y hasta la propina al sacerdote o al juez. A los padres del chico les corresponden las alianzas, el viaje de bodas y, frecuentemente, parte de los muebles de la nueva vivienda. No obstante y teniendo en cuenta las disponibilidades económicas de cada uno, no es infrecuente que sean los propios novios quienes corran con todos los gastos y los padres de ambos realicen solamente aportaciones simbólicas.

- Un consejo a los novios es que no obliguen moralmente a sus padres a realizar un esfuerzo económico por encima de sus posibilidades, pues a fin de cuentas, son ellos los que se casan.

- La mejor época para la ceremonia es la primavera, puesto que hay mayor probabilidad de poder lucir los trajes. No olvide que tanto en las iglesias como en los juzgados, deberá pedir día y hora con varios meses de antelación.

- Deje al menos una hora de margen entre el final de la ceremonia y el banquete, ya que los nuevos esposos deberán prepararse adecuadamente y los invitados tendrán que acomodarse sin prisas.

- Va perdiendo interés la lista de bodas para los regalos y la mayoría de las parejas hablan personalmente con sus invitados de lo que necesitan. No tenga reparo en pedir objetos de gran coste, aunque deberá matizar que sería conveniente que se unan varias personas para comprarlos. - Es conveniente que la pareja indique lo que desea, no dejando en manos de los demás la elección, puesto que de ser así el nuevo hogar contará con un montón de regalos inútiles que pasarán a ocupar el trastero.

- Las despedidas de solteros no son obligadas, pero si ha decidido hacerla sepa que no tiene que efectuarla por obligación viendo un espectáculo de strip-tease, sea masculino o femenino. Tenga la suficiente personalidad como para organizar los últimos días de soltero/a como mejor le plazca. Incluso ¿por qué no?, puede organizar una fiesta con su propia pareja, sin testigos.

Parte 4-b

La ceremonia

Da igual que elija el juzgado o la iglesia para casarse, ya que en ambos sitios podrá disfrutar de ese momento. Nuestro consejo es que si no son católicos o miembros practicantes de una religión, lo hagan por lo civil, puesto que es ciertamente una hipocresía casarse en una iglesia solamente para disfrutar de una ceremonia más aparatosa. Si desea una gran fiesta, siempre podrá organizarla en un lujoso salón de bodas y no tendrá necesidad de pasar por creyente si no lo es.

Una ceremonia civil también tiene sus ventajas, precisamente por la sencillez y la rapidez con que se realizan, y allí lo importante es el amor de los novios, pasando a segundo plano los trajes y la música. Si ha elegido esta segunda opción para su boda, no caiga en la tentación de hacerla tan ostentosa como la que se efectúa en las iglesias y evite los trajes de novia ampulosos y blancos, los velos hasta el suelo y el chaqué en el novio. Para ella, unos guantes blancos y un sombrero suele ser lo más adecuado y elegante, mientras que él puede llevar un traje gris o negro sin problemas.

Tanto si elige la opción religiosa como la civil, allí le explicarán todos los detalles para la ceremonia, así como los posibles papeles o documentos que tendrán que aportar. La ventaja de las bodas en iglesia es que, además, podrá incluso ensayar la ceremonia.

Una ceremonia clásica:

- La familia del novio se pondrá a la derecha y la de la novia a la izquierda. Los familiares directos de ambos y los padrinos, ocuparán siempre el lugar de honor, mientras que el resto de la familia lo hará detrás, siempre en relación con su parentesco. Por muchos amigos íntimos que tenga no desplace nunca a su propia familia de los mejores lugares.
- Es costumbre que el novio y los invitados sean los primeros en llegar al lugar.
- Si los padres viven, el novio llegará del brazo de su madre y la novia del de su padre, aunque también es igualmente correcto que los novios vayan juntos hasta el lugar de la ceremonia sin ningún familiar. Esta opción es la mejor si existen problemas familiares de cualquier tipo. Elija esta posibilidad si teme originar suspicacias y malentendidos.
- Durante la ceremonia la novia se pondrá a la derecha del novio, mientras que los testigos de uno y otro al lado de cada uno.
- Las alianzas las llevará el testigo del novio y las depositará en la bandeja, aunque en los juzgados deberá entregarlas en mano. Hay lugares en los cuales la alianza se pone en el dedo anular izquierdo y otros en el derecho, por lo que será mejor seguir la costumbre.
- Nada hay sobre la fastuosidad de los propios invitados, aunque por respeto a las costumbres religiosas, cuando se celebra en una

iglesia se pide vestir con discreción y sobriedad, evitando también las joyas aparatosas. Reserve sus mejores trajes para la fiesta que vendrá después. Por eso, es importante disponer del tiempo suficiente para que invitados y novios se puedan cambiar.

- Solamente la novia puede vestir de blanco ese día y el clavel blanco en el ojal es exclusivo del novio.

OTRAS CEREMONIAS SEGÚN LAS CREENCIAS

Boda por el rito gitano

La boda, es una de las grandes fiestas que celebra la comunidad gitana. Los novios se casan por el rito evangelista o católico por la mañana. Según la tradición gitana, los novios tienen que llegar vírgenes al matrimonio (aunque dicen que el hombre tiene la libertad de ser virgen o no, según su propia elección personal). La pureza, es algo que los gitanos valoran de una forma exquisita.

Si la chica no es virgen, no se puede casar, a no ser que encuentre un hombre que no esté casado y que se quiera juntar con ella. La tradición gitana así lo dice. Aunque no lo entienda respételes, pues es su boda, no la de usted.

Los padrinos de la boda gitana suelen ser los mismos del bautizo, aunque muchas veces son los tíos, casi nunca los padres. El traje de la novia está compuesto por dos vestidos. Uno de color rosa que va debajo (símbolo de feminidad), otro blanco, símbolo de pureza, que va por encima y es el que realmente se ve. No puede ser prestado. Siempre es nuevo y generalmente lo ha comprado el suegro. El novio en la boda gitana lleva un traje convencional o típico. En la ceremonia de la boda gitana suelen estar acompañados por damas y pajes con indumentaria apropiada para la ocasión.

La ceremonia de la boda gitana se envuelve en himnos o cánticos espirituales acompañados de guitarras y otros instrumentos. Siempre son cantados en grupo, evitando hacerlo de forma individual. Así gozan de un coro que será coordinado por un director.

A las cinco de la tarde está todo preparado para comenzar. Se prevén unos 45 minutos para la celebración y varios días para el festejo de la boda gitana.

Ya en el templo, con una muchedumbre que la desborda, se procede a consumar el lazo matrimonial. El pastor generalmente invita al "Anciano de la iglesia" a que presente en voz alta que se va a realizar. Éste, con las manos en alto, expresa una mezcla de oración y petición en beneficio de los novios. La asamblea va afirmando las peticiones espontáneas.

Boda musulmana

El rito musulmán, debe ser llevado a cabo en una Mezquita, ante el responsable religioso de la misma o "Imán" (Guía, jefe o modelo espiritual o religioso, y a veces también político, en una sociedad musulmana).

La tradición, extendida a otras culturas y religiones, como la religión católica, indica que todos los preparativos de la novia (vestido, arreglo del cabello, etc.) no deben ser vistos por el novio antes de la ceremonia del matrimonio, pues trae mala suerte. Tampoco puede visitar los aposentos de la novia.

Esta religión permite a los hombres casarse con cristianas o judías, porque representan a pueblos que tienen un libro revelado. Pero las mujeres no deben casarse con alguien que no sea árabe, ya que son los hombres quienes deben mantener las tradiciones, y ello podría suponer romper la continuidad de tales tradiciones.

Al igual que en la mayor parte de los ritos matrimoniales, la finalidad del mismo es la consumación, es decir, sellar el contrato consumando el matrimonio. El contrato matrimonial debe ser certificado por el novio y su tutor ""Wali". En el acto oficial del matrimonio, en el que se lee escrituras religiosas (como en la mayoría de ceremonias), el tutor "Wali", pronuncia unas palabras también.

Al igual que en otras religiones, todas las disposiciones y leyes (incluidas las del matrimonio) se encuentran recogidas en su libro sagrado, el Corán.

Aunque, como hemos dicho anteriormente, se permite tener más de una esposa, actualmente la práctica más común es tener una sola. Lo mismo ocurre con la "negociación" del matrimonio. Aunque era costumbre "negociarla" entre dos varones, el novio, y algún pariente masculino cercano a la novia (padre o hermanos), hoy en día no se sigue tanto esta práctica. Lo que si está aún vigente es el tema de la dote. Debe ser una aportación lo suficientemente "generosa" o grande, en dinero, joyas y otras cosas materiales, para garantizar la estabilidad económica futura de la familia. Según el Corán hay que dotar a la esposa con algo material, como seguridad, ya que si mañana ella se tiene que separar de su esposo, cuenta con algo para vivir.

Los novios, se presentan con tres testigos ante el "sheikh", un tipo de magistrado islámico, para realizar el contrato matrimonial. Bajo las leyes islámicas en ese momento la pareja está unida legal y espiritualmente, aunque no se haya celebrado la ceremonia de la boda.. Por ello, la novia aún regresa a su casa para planificar la "celebración" de la boda, que se suele llevar a cabo una o dos semanas después.

Los festejos por tal acontecimiento (que suelen durar de tres días a una semana), suelen ser en casa de alguno de los contrayentes, o como ocurre en otras religiones, se permite que sean en un local público (hotel, restaurante, etc.).

La primera noche, es un festejo solo para las mujeres y la novia se viste en un vestido de ceremonial llamado "caftan" y sus manos y pies se marcan con henna.

A partir de la segunda noche, se comienza con el banquete de boda (según reza la tradición, uno para el novio y otro para la novia) y se invita a familiares y amigos. En todas las celebraciones se cuenta con toda la rica tradición musulmana y su bello folclore.

Los novios ocupan el lugar de honor del banquete, y ella luce un vestido blanco, signo de pureza y castidad. Después de hacer acto de presencia, la pareja se retira para "consumar" el matrimonio.

Boda protestante

Dado que tuvo su origen en la Reforma del siglo XVI, y como consecuencia de esta reforma surgieron diversas ramificaciones históricas (anglicana, luterana, calvinista, etc. y otras consideradas divisiones menores como los presbiterianos, episcopalianos, puritanismo, cuáqueros, etc.), vamos a hacer referencia al rito general sin entrar en las particularidades que cada una de estas ramas pueda tener.

Aunque el matrimonio es un compromiso con Dios y la comunidad, los protestantes no consideran el matrimonio como una sacramento. La ceremonia guarda muchas similitudes con el rito católico.

La novia, va de blanco, como símbolo de pureza, como ocurre en muchas otras religiones. La ceremonia la oficia un pastor de la iglesia protestante, que es el encargado de dar la bendición al matrimonio y es la persona con la que los novios se deben poner de acuerdo para realizar una entrevista previa, presentarle al acta civil del matrimonio y ultimar los detalles de la ceremonia.

Lo mismo que ocurre en el culto católico, los novios necesitan de una preparación previa para llegar al matrimonio (lo que se en la iglesia católica llaman "ejercicios prematrimoniales").

Tampoco debemos olvidarnos del intercambio de anillos entre los novios, como símbolo de unión y compromiso.

Boda budista

El budismo, como religión en sí, no cuenta con ningún tipo de rito matrimonial, y es por ello que se toman diferentes tradiciones de orígenes diversos, siempre teniendo en cuenta que esta religión y su filosofía de vida, se encamina mucho al plano espiritual y cultural del mundo Oriental. Fue fundada por Gautama Budda (563?-483?).

Tal y como predica sobre la búsqueda del nirvana (estado resultante de la liberación de los deseos, de la conciencia individual y de la reencarnación, que se alcanza mediante la meditación y la iluminación) y la importancia que se da a la búsqueda interior, uno de los ritos más utilizados es la predicción astrológica.

Todo lo relativo al compromiso y la boda de los novios, es "dictado" por los monjes, quienes previamente han realizado e interpretado las cartas astrales de los novios, que previamente suelen cantar una salmodia (parte de la liturgia de las horas en la que se rezan o cantan varios salmos; canto monótono.) durante una hora, aproximadamente.

Los novios, se deben colocar juntos, en una postura de total respeto, la conocida "wai", para recibir la bendición del monje budista. Verdaderamente, no son es un rito de boda (unión de dos personas), sino de bendición de una pareja.

Como ofrenda, se suele ofrecer comida al dios Buda y a los monjes. Como agradecimiento a esta ofrenda, el monje que dirige la ceremonia, unge a los novios con polen y agua sagrada.

Tras las felicitaciones y congratulaciones de los familiares y amigos, y como en casi todos los rituales, sean de la religión que sean, se celebran diversos banquetes y fiestas en honor de los esposos.

Boda ortodoxa

Antes del comienzo de la liturgia, el sacerdote se prepara con oración y enseguida se reviste. Sus vestimentas expresan su ministerio sacerdotal tanto como su oficio. Después, el sacerdote va a la mesa de la proscomidia que está al lado izquierdo de la mesa del Altar en el Santuario. Allí él prepara el ofrecimiento del pan y vino para la Liturgia. Como podemos comprobar, la ceremonia, guarda muchas similitudes con el rito católico, con algunas pequeñas diferencias.

Además del intercambio de anillos, símbolo de la unión en matrimonio de los contrayentes, se hace un ritual de imposición de coronas, que significa que los novios son dueños absolutos del gobierno de sus vidas y que ambos son los reyes de la creación, según el Libro del Génesis.

Después de proceder a la imposición de coronas entre ambos contrayentes, en las que también participan los padrinos, la pareja de novios da tres vueltas al altar. En la mesa de consagración debe haber un evangelio, una copa de vino y una vela encendida. Estas vueltas de realizan en círculo, que simboliza la eternidad. El número, tres vueltas, representan el misterio de la Trinidad.

El resto de la ceremonia, tanto la entrada como la salida de la iglesia, y resto de la ceremonia, así como el vestuario, es de características similares al rito católico

Parte 4-c

La fiesta

No se crea en la obligación de tener que organizar una fiesta impresionante después de la boda y no serían los primeros, ni los únicos, en retirarse rápidamente a su nuevo hogar después de la ceremonia y marcharse lejos, en solitario, a su viaje de bodas. Recuerden que, por encima de todo, son ustedes los protagonistas, los que se casan y, por tanto, les corresponde decidir todos los pormenores, entre ellos casarse en una ermita perdida en un monte sin más testigos que el sacerdote o el juez.

Si se han decidido por la fiesta multitudinaria, sepan que pueden acudir ya con un traje de calle normal y que cuando lleguen todo estará perfectamente organizado por los padres de ambos. La distribución del lugar donde se sienta cada uno no será aleatoria y deberá figurar ya con precisión en cada mesa.

Si desea prolongar más esta fiesta, puede dar un pequeño aperitivo previo en un lugar diferente al banquete, debiendo ser nuevamente los padres y padrinos quienes den las órdenes oportunas para entrar o salir de los lugares.

Los detalles:

- La comida sencilla y fácil de digerir, teniendo en cuenta los gustos de cada uno, así como el régimen que puedan tener. No imponga sus gustos personales a nadie ni insista para que beban alcohol los niños, los ancianos o los abstemios. Lo único imprescindible en este banquete es la tarta nupcial y el cava, así como el puro habano final. Por cierto, la tarta se corta con un cuchillo largo que manejan al unísono ambos novios.

- Los brindis los propone el padre de la novia y luego el novio podrá dar las gracias a los asistentes. Impida que los graciosos y con más motivo algún rencoroso, puedan tomar la palabra.

- Si es usted uno de los invitados no caiga en la tentación de dar gritos pidiendo que se besen o cosas similares. De igual modo, no sea usted quien corte la corbata al novio para pedir dinero. Esas costumbres están más desfasadas que las camisas con chorreras. Tenga en cuenta que aunque a los novios les siente muy mal, soportarán las estupideces de esas personas que tanto abundan en las fiestas.

En el primer baile la novia bailará con el padrino y el novio con la madrina, mientras que en el segundo los recién casados bailarán juntos.

- Los novios no deberán prolongar demasiado su estancia en el banquete. Dejen que los invitados se marchen luego cuando cada cual decida. No acepten nuevos encuentros con nadie después de esa fiesta, ni siquiera de la familia, y márchense en solitario a su nuevo destino, hotel, vivienda, o avión.

Parte 4-1

Funerales

Es el momento en el cual nuestra presencia se hace más necesaria, puesto que no hay nada más doloroso en esta vida que perder a un ser querido. Las personas más afectadas se derrumban moralmente en estos momentos y todos desearíamos encontrar esa palabra mágica que mitigase la pena. Sin embargo, hemos de recomendar pocas palabras y más compañía, puesto que es mejor dejar escapar la tristeza que tratar de mitigarla.

Pero es que junto a la pena de los afectados existe una serie de trámites legales y administrativos que hay que realizar, ineludibles, y no es menos sensible quien se encarga de ellos como el que se esconde en un rincón a llorar. Si tiene dudas sobre lo que debe hacer, no le quedará más remedio que solicitar información al médico que le atendió e incluso a la misma empresa funeraria.

En el supuesto de tratarse de una persona de gran renombre social, es costumbre poner una esquela en algún periódico en la cual se comunica incluso el lugar de los funerales.

Respecto a la conducta a adoptar, sea como familiares o como invitados, estas son algunas de las normas sociales más aceptadas:

- Ya no es imprescindible vestirse de luto, aunque debemos respetar a quien decida hacerlo. Del mismo modo, si nuestra costumbre son los colores alegres deberá vestir en ese momento con algo más de sobriedad, aunque no le parezca lógico. Usted debe respeto a la memoria del difunto, tanto como a su familia, y sus delirios de personalidad y creencias debe dejarlos para otro momento menos inoportuno.

- No lleve a los niños a estas ceremonias, ni mucho menos al entierro. Ellos todavía no tienen asimilada la idea de la muerte con precisión y puede suponer un concepto de terror, nunca natural. Si desea que asistan, llévelos al funeral.

- No olvide asistir al velatorio, no tanto por demostrar con su presencia que se solidariza con el dolor de los demás, como para lograr que las personas más directas puedan ir a descansar o comer. Respecto a su comportamiento es difícil recomendar una postura adecuada, puesto que cada caso puede ser muy diferente. De todas maneras, debe evitar menospreciar el hecho mismo de la muerte y mucho menos insistir en que "la vida sigue" para los demás. Deje que el tiempo haga el milagro de curar las heridas, pero no se convierta en un psicólogo aficionado.

- Respete absolutamente las creencias religiosas de los demás y no insista en llevarse del velatorio o del cementerio a alguien que desea estar allí por tiempo indefinido. Para mucha gente la muerte no es el final, sino el principio, mientras que para otros el espíritu del difunto sigue presente allí mismo.

- Un detalle que siempre se agradece son las flores con una tarjeta o una corona de flores. Para la familia supone que hay otras muchas personas que sufren con ellos y que amaban por igual al fallecido.

- Si se considera un buen amigo, sepa que el momento más intenso es cuando se efectúa el entierro y por eso su presencia allí es imprescindible. No trate de estar junto a las personas más afectadas y permanezca en un discreto segundo plano. Cuando todo termine, puede saludar y expresar su condolencia a la familia.

- Si se encuentra con antiguos conocidos evite las manifestaciones efusivas y las sonrisas. Usted deberá solidarizarse con el dolor ajeno y evitará, por tanto, los gritos para llamar a alguien que desea ver, las palmadas en la espalda o los abrazos de alegría por encontrarse con familiares que hace tiempo no veía. En resumen: sea discreto.

Reglas generales:

Si no puede acudir en persona a ninguno de los actos fúnebres, al menos escriba una carta de pésame. El texto debe ser breve, incluso en una tarjeta grande, en la cual figurará nuestro nombre y dirección. Debe escribirse a mano y las frases elegidas tienen que revisarse con cuidado, evitando poner frases tan tópicas como "le acompaño en el sentimiento". Cámbielas por "profundamente apenado…", "siento mucho…", "desearía estar a su lado para compartir esos momentos de dolor…", ""le ruego acepte mi más profundo pésame…", etc.

El texto debe estar escrito por la propia persona, aun cuando sus habilidades literarias no sean muy correctas, pues se trata de expresar nuestros sentimientos, no los de un vecino amable.

Si acudimos a los oficios, sepa que el pésame se da al familiar más próximo al finado, pero en su ausencia lo haremos a cualquier otro. Si acude a un funeral procure ponerse lo más cerca del altar, pues los rezagados (que son la mayoría), lo harán detrás, con lo cual la parte delantera suele estar muy despejada.

Puede aprovechar ese momento para dar el pésame, pero debe hacerlo antes de la ceremonia religiosa, ya que después habrá demasiada gente.

Parte 4-2

Nacimiento

Ya sabemos que cuando usted nació nacieron todas las flores y cantaron los ruiseñores, pero ahora quiero darle unas orientaciones para el nacimiento de los demás seres humanos, sin olvidar que en ocasiones el nacimiento de una camada de perritos o gatitos supone para muchas personas un delirio de alegría semejante. Si es así, no se le ocurra mencionar eso de que "habiendo tantos niños que pasan hambre...", puesto que puede arriesgarse a perder un buen amigo por insensible. En este mundo, no lo olvide, no solamente los seres humanos tenemos derecho a la vida.

1. No llegue al hospital demasiado pronto. Deje que la madre se recupere y que el bebé esté ya durmiendo plácidamente en su regazo. De todas maneras, al hospital solamente acuden quienes conocen expresamente a la madre. Si usted es amigo o compañero del padre y nunca ha tenido ocasión de que le presenten a la madre, espere a que el recién nacido esté ya en su casa.
2- Si es varón nunca pretenda estar presente cuando la madre dé de mamar a su hijo y efectúe una excusa muy diplomática para

dejarles a solas. Solamente en aquellos casos en los cuales la madre insiste podrá quedarse para contemplar la forma más natural y económica de alimentarse.

3- Antes de acudir, llame primero a su familia, esposo o padres, para que ellos le indiquen cuándo y cómo es el mejor momento para dar la enhorabuena. Mientras espera su oportunidad, es muy elegante y de buen gusto enviar un ramo de flores o un telegrama de felicitación.

4- Nunca trate de justificar su ausencia llamando por teléfono, pero si lo hace que sea a horas nada desacertadas.

Parte 4-3

Primera comunión

Al igual que el bautismo y las bodas, la ceremonia religiosa de la Primera Comunión se ha convertido en un acto social, y en demasiadas ocasiones una excusa para la ostentación. Mientras que los niños protagonistas solamente están interesados en los regalos que han recibido, los adultos no hacen nada para hacerles entender que acaban de formar parte activa de una creencia religiosa, aparentemente, la misma que la de sus padres. Deberían explicarles, al menos, que el motivo de la alegría es ser un miembro más de una comunidad religiosa y que la fiesta es una manifestación de alegría por ello. Por desgracia, ya pocos están interesados en ello y los sacerdotes asisten resignados a estas fiestas, pensando que mejor así que de ninguna manera.

Antes de acudir no se olvide del principal detalle: en esta ocasión, el único protagonista es el niño.

1. Respecto a la vestimenta de los niños no hay nada concreto y deberá hablar primero con el párroco de la iglesia. En la actualidad ya hay muchos padres que eligen un sencillo y bien planchado traje de calle, evitando vestir a las niñas de novias en miniatura y a los niños de marineros o príncipes. Hay que reconocer que estaban elegantes y guapos con estos trajes, pero la sencillez está ahora imperando y es mejor ir con la moda.

2. No caiga en la tentación de "amortizar" el costoso traje de la ceremonia llevando al niño, o la niña, vestidos de ceremonia durante todo el día, incluida la fiesta y el obligado viaje a un parque de atracciones. Si lo hace estará demostrando que es un usted un pedante y que solamente utiliza a su hijo como escaparate de su mal gusto. Una vez finalizadas las obligadas fotografías, quítele definitivamente el traje de la ceremonia.

3. Si ha sido invitado es obligatorio el regalo para el protagonista. No se olvide que aunque sea elegante regalar medallas o anillos de oro, el niño lo que en realidad desea son juguetes. Le podrá odiar durante toda su vida si le entrega un misal con las portadas doradas, en lugar de un juguete de actualidad. Ahora bien, un reloj de calidad siempre será un regalo que guste a todos, aunque este tipo de obsequios corresponde más a los tíos o abuelos.

Parte 5

REUNIONES SOCIALES

Aquí incluimos desde las fiestas de cumpleaños, las reuniones de amigos en fin de semana y hasta las conmemoraciones anuales en las empresas. Su buen comportamiento no tiene porqué ser distinto y la educación la deberá mostrar por igual entre sus amigos, como entre su familia. Es muy fácil ser amable y exquisito con nuestro jefe, pero menos con ese familiar que no nos simpatiza o con el propio cónyuge. Siempre que se encuentre en un lugar que no sea su propia casa, el respeto a los anfitriones debe ser total y si existen animadversiones hacia ellos es mejor que no acuda. Cuando desee enfrentamientos hágalos en otro tiempo y lugar.

Parte 5-a

Cóctel

Se refiere a una reunión corta, de apenas dos horas, y alejada de las horas habituales de las comidas y cenas. Este detalle debe tenerse en cuenta para permitir que los invitados lleguen a tiempo a sus casas para sus comidas habituales.

Normalmente se pone canapés diversos, bebidas alcohólicas y zumos, todo ello situado estratégicamente para que los invitados puedan hablar, puesto que esta es la finalidad del cóctel. Aunque hay quien prefiere encargarse de servir a los invitados o contratar un camarero para ello, es mejor que deje que cada uno se sirva lo que quiera y en el momento que desee.

Puesto que se trata de una reunión informal, en ocasiones de trabajo, mantenga siempre la mano derecha libre para estrecharla a quien se acerque. Aunque está muy de moda besar a las mujeres dos veces en la mejilla, deje que sean ellas quienes lleven la iniciativa. Ante la duda, estrechar la mano sigue siendo una buena costumbre y nunca da lugar a errores sociales. Si es varón, ni se le ocurra dar un beso a una mujer que tenga popularidad o una posición social mucho más elevada que la suya, a no ser que sea ella quien lo haga. Sin embargo, entre mujeres está mejor aceptado que se besen sin tener en cuenta condiciones sociales.

Trate a todos los invitados con amabilidad y educación, sea cual sea su condición social, evitando ser sumiso y servil cuando le presenten a alguien muy poderoso, del mismo modo que debe evitar mantenerse deliberadamente al margen de los socialmente menos afortunados. Para que nos entendamos, trate a todo el mundo como se trata a la gente cuando la encontramos en la playa y en bañador. Parecemos todos tan iguales que no hay muchas posibilidades de subirse a ningún pedestal.

Un comportamiento que nunca falla es adoptar siempre la discreción como norma.

A una reunión de empresa o de promoción puede llevar a su pareja o incluso a algún amigo que esté interesado en conocer gente, pero no deje de presentárselo al anfitrión cuanto antes.

Ojo:

Un momento de gran tensión en un cóctel es cuando hay que desembarazarse de servilletas usadas, palillos o huesos de aceitunas. Si su anfitrión es un experto seguramente habrá previsto unos lugares adecuados para ello, aunque lo mejor es poner un tipo de aperitivo que no deje esos residuos. Pero si, finalmente, se encuentra con un inoportuno hueso de aceituna, déjelo caer discretamente en un cenicero, un plato vacío o, en su defecto, una esquina de la mesa.

Parte 5-b

Reuniones

Es frecuente que nos inviten a reuniones aparentemente de trabajo en las cuales se ha pensado en un baile al final, puesto que se cuenta con la asistencia de las parejas de los invitados. Si es así, sepa que debe vestir con sencillez, aunque evitando, como siempre, el mal gusto. Los pantalones vaqueros lavados a la piedra déjelos para sus salidas más informales.

Si es usted el anfitrión le daremos algunos consejos, tanto si se trata de reuniones familiares, de amistad, o para fomentar las relaciones sociales y profesionales.

. No trate de ser el líder en la reunión y evite destacar más que los invitados. Su misión es estar atento a cualquier requerimiento de sus invitados, no demostrar que es el mejor de los anfitriones. No intente, por tanto, marcar las pautas sobre cuándo se debe bailar, ni mucho menos presionar para que todo el mundo siga fielmente sus planes. Recuerde que no es usted quien decide cómo hacer la velada agradable a los demás y deje que cada cual escoja su lugar y compañía adecuada.

. No ponga demasiadas bebidas alcohólicas o al menos evite las de mucha graduación. Se evitará disgustos o tener que llamar al orden a más de un patoso/a.

. Nunca invite a dos personas que no mantengan una buena relación, al menos si ambos no están previamente avisados.

. No presione nunca a nadie sobre lo qué debe y no debe comer. Deje que cada cual siga con sus gustos y aficiones particulares. Por eso puede suceder que ese cóctel o plato que tanto tiempo le ha llevado preparar, no guste a nadie. Lo clásico y lo habitual es siempre lo mejor en esas reuniones. No trate de impresionarles con frutas exóticas, bebidas carísimas o quesos que solamente un olfato acostumbrado puede soportar cerca.

. Usted debe ser el encargado de colocar los abrigos en un lugar discreto, tratando de no mezclar los de los varones con los de las mujeres. No pasa nada por hacerlo, pero queda mejor.

. La habitación más limpia debe ser el cuarto de baño. Como precaución, disponga de un ambientador y de la suficiente cantidad de servilletas y papel higiénico como para un cuartel de soldados. Por exceso nunca tendrá problemas, pero le aborrecerán de por vida si se acaba prematuramente el papel higiénico.

. Deje abiertas aquellas habitaciones en las cuales no existan problemas para que los invitados entren, pero mantenga cerradas aquellas que sean privadas. Si sus invitados son correctos sabrán perfectamente dónde entrar y dónde no.

. Ojo con la música. Es difícil que guste a todos el mismo tipo e intérprete. Para algunos la música clásica es maravillosa, mientras que para otros les induce al sueño. Tampoco trate de poner primero una y luego otra, porque así solamente conseguirá hacer sufrir un rato a unos y luego a otros. Si el baile no está contemplado como opción, por cuestión de espacio, una música orquestal de fondo siempre es bien aceptada, aunque si el bullicio es muy alto pasará desapercibida.

. No se olvide, si está en su casa, comunicar a sus vecinos más cercanos su intención de celebrar una fiesta y pedirles disculpas por las molestias. Se evitará que le devuelvan con creces los ruidos, justo cuando esté en el mejor de los sueños.

. Tenga preparado algún quitamanchas adecuado, puesto que es habitual que alguien vea arruinado su traje por un codazo inoportuno o una tostada que, según la ley de Murphy, siempre cae por el lado de la mantequilla.

Y si usted es el invitado:

. Evite las discusiones políticas, especialmente si alguien comienza a exaltarse.

. Siempre beba una copa de menos.

. Tenga cuidado con las personas que hayan llegado con pareja. No acapare a nadie porque puede herir sentimientos.

. Es un buen detalle traer un obsequio para el anfitrión, pero que sea discreto y nada ostentoso. Evite que los demás invitados lo vean forzosamente. Si es una reunión familiar es buena norma llevar una bebida de prestigio o unos dulces exquisitos.

. No trate de que los demás escuchen sus chistes. Si se considera gracioso escoja un pequeño grupo que guste de escucharle.

. Es frecuente que las mujeres formen grupos, lo mismo que los varones. No luche contra ello y deje que cada cual escoja con quién quiere hablar.

. No trate de hacerse el simpático, ni fuerce una conversación, solamente para parecer sociable. La naturalidad y la sencillez son siempre un valor seguro en cualquier reunión. No acepte tampoco que le llamen para una fiesta porque sea usted una persona "divertida". Los payasos hay que verlos en el circo y pagando una entrada.

Parte 5-c

Orden en sus presentaciones

La primera regla básica es saber cuándo uno es inoportuno al realizar una presentación, puesto que no todos deseamos estrechar la mano a alguien a quien aborrecemos de referencia. Tampoco es de buen gusto someter a una persona famosa a la tortura de tener que saludar a cuantas personas quieren acercarse a saludarle, y si nosotros somos los anfitriones debemos ser muy comedidos en el número y tipo de persona que podemos presentar.

Evite, en lo posible, aprovechar las fiestas para entablar negocios o conversaciones que pretendan descaradamente proporcionar trabajo a un desempleado o hablar de un guión cinematográfico a un director de cine. Si alguien le pide ese favor deberá hablar en primer lugar con la persona involucrada, a su pesar, en esta presentación. Si no tiene interés en conocer ofertas se lo hará saber. Sin embargo, su cortesía quizá le obligue a ser amable y acceda a escuchar la oferta de su amigo, pero usted deberá estar muy atento para socorrerle en caso de que éste le acapare demasiado. Las fiestas son un buen lugar para hacer negocios, pero en el hogar quizá no sean lo más acertado y su potentado amigo diga aquella frase escurridiza de: "Dígale que se pase mañana por mi oficina". A buen seguro, mañana estará reunido.

He aquí algunos consejos:

1. Siempre que aparezca una tercera persona debemos realizar las presentaciones, evitando desaparecer de la escena en cuanto se hayan formalizado.

2. Si no sabe el nombre o la profesión de uno de los presentados, no dude en emplear la frase de: "Perdón, ¿su nombre es...?" Aunque la profesión no venga al caso, es un buen medio para que ambos tengan claro de qué podrán hablar en un futuro.

3. Si la diferencia profesional o social entre ambos es notoria, trate de subir de categoría al menos afortunado. Por ejemplo: si es carpintero, siempre puede decir que "tiene una empresa de ebanistería". Si es un ama de casa tradicional, puede decir la profesión que ejercía anteriormente, como por ejemplo: "Trabajó muchos años como farmacéutica" o "Cursó estudios de marketing". 4. Ahora ya está mal visto que las esposas avalen su categoría con la profesión del marido, por lo que no la presente diciendo algo así como: "Es la esposa del director de Tele-pluf".

5. Si no consigue que nadie le presente no dude en hacerlo usted mismo, pero no interrumpa ninguna conversación y trate de buscar una oportunidad, como cuando se están sirviendo el cóctel de piña con vodka. Si esa persona tiene cierta notoriedad social, es buen sistema empezar hablando lo mucho que le gusta su trabajo o su obra, pero que no parezca adulación.

6. Entre personas de ambos sexos primero presente el varón a la mujer, salvo que sea ella la que desee ser presentada.

7. Cuando la diferencia de edad es notoria, presente primeramente al más joven. Si no entiende los nombres nunca emplee: "¿Qué? o ¿cómo?" y sustitúyalas por, "¿perdón?"

8- Cuando alguien le salude muy efusivamente y usted se sienta aturdido por no recordar su nombre, disimule un poco antes de preguntárselo abiertamente. Quizá la conversación sea tan rápida que ni siquiera lo necesite y si se prolonga siga hablando sin emplear nombres.

9- Nunca estreche la mano de alguien llevando guantes.

10- Cuando la persona que le presentan está en pie será conveniente que se levante, aunque las mujeres no tienen esa obligación social de hacerlo.

11- Por algún motivo elitista, a los médicos, militares y sacerdotes, se les antepone su categoría profesional antes del nombre (doctor, coronel o padre.) Le resultará difícil prescindir de este clasismo a la hora de hablar con ellos, pero efectuando adecuados giros a su lenguaje podrá evitarlo.

Parte 5-d

Más consejos para no ser un patoso social

- No suba las escaleras detrás de una dama aunque tenga un bonito trasero. Si lo hace, mantenga cierta distancia.

- Los saludos mejor aceptados son: "¿Cómo está usted?" o "encantado"; lo de "mucho gusto" puede ser interpretado como algo sexual. Si es más mundano, en ocasiones quedará bien diciendo simplemente: "¿Qué tal?" o también, "¡hola!"

- No estreche la mano fuertemente a los varones, mucho menos a las mujeres, para demostrar que no es un blandengue. La mano firme, pero relajada. Tampoco la retenga mientras perdura la presentación. Diez segundos es suficiente y en ocasiones demasiado.

- Cuando, a pesar de todos sus intentos por ser agradable se equivoque, no dude en pedir disculpas. Hágalo con humildad pero sin servilismos. No repita reiteradamente sus excusas, pues con una vez es suficiente.

- Por muy moderno que se considere no emplee en las fiestas sociales el argot tan habitual que incluye palabras como: "Qué morro tienes"; "Vaya careto que tienes"; "Estoy frito"; "Qué pedazo de tía"; "Me meo de risa"; "Estás que te cagas"; "Tío, o tía"; "¡Qué hay, tronco!": "¿Qué pasa, macho?"; "No jodas, tío"; "Esto me mola", y otras lindezas por el estilo.

Sugerencias:

- Para no desentonar, trate de imitar siempre a sus anfitriones.
- Nunca se limpie los mocos en la mesa. Si necesita hacerlo, vaya al cuarto de baño.
- Si la comida no le gusta, pruebe un bocado y diga que está a régimen o que tiene alergia.
- No toque los alimentos que no vaya a comer, ni seleccione de una bandeja los que considere mejor. Esta norma de comportamiento la deberá mantener incluso en un bufete.
- Nunca se levante antes que los anfitriones. Si usted es el que organiza la fiesta tampoco mantenga a sus invitados apoltronados horas y horas.

De todo un poco:

- Si la comida se retrasa, hay que servir un aperitivo. Un estómago pidiendo comida produce agresividad.
- No pongas patatas fritas o palomitas en reuniones serias. Solamente son adecuadas para los niños y la familia. No pongas "quicos" ni otros aperitivos que huelan fuerte. El queso de Cabrales o Roquefort no suele ser adecuado para un cóctel.

- Es preferible poner dos bandejas bien llenas que cuatro semivacías.
- Si llegan niños, debe procurar que estén entretenidos.
- Si la casa es pequeña procure que la gente tome su aperitivo en pie, alrededor de una mesa. Disponga algunos taburetes para la gente que no soporte estar en pie.
- Si quiere establecer una hora de final y no sabe cómo hacerlo, ofrezca café. La mayoría entenderá que todo está llegando a su fin.

Parte 5-e

Visitas en domicilio

Aquí hay que distinguir entre las inesperadas y las avisadas, además de diferenciar entre aquellas que tienen una finalidad concreta o las que son solamente un saludo prolongado.

Si usted es aficionado a las visitas sin previo aviso, creo que ya no le extrañará que poco a poco vaya perdiendo amigos a quienes dar esas sorpresas. Si, además, es de esos incorregibles que gustan de acudir a casa de sus padres o parientes sin avisar, por aquello de "quería darte una sorpresa", tenga en cuenta que la confianza no incluye la falta de respeto. No se fíe cuando alguien le advierta, con una sonrisa tímida, que no importa, que puede acudir a su casa siempre que quiera. Esa persona está demostrando solamente que es más educada que usted y no quiere faltarle al respeto. Hasta los padres merecen que les avise previamente cuando vaya a visitarles, y me atrevería a afirmar que precisamente por ser sus padres merecen todavía más consideración.

Aunque nos cueste admitirlo, no existe una edad concreta en la cual nos apetezca estar en nuestra casa vestidos o desvestidos cómodamente, sin tener miedo a esas visitas inoportunas que nos dicen aquello de: "¿A qué no esperabas que viniera?"

A los padres les gusta tener la casa arreglada y una correcta merienda o aperitivo cuando sus hijos anuncian su visita, pero si usted abusa de ese cariño y se presenta en su casa cuándo y cómo le da la gana, les causará, cuando menos, un pequeño disgusto al no poder atenderle a su modo.

En el mismo sentido, hay padres tan inoportunos que son capaces de visitar a sus hijos cuando acaban de casarse o la noche de los sábados, justo cuando las parejas aprovechan, quien más y quien menos, para practicar el deporte del sexo.

Y sobre la visita inoportuna a los amigos, poco más que añadir, puesto que lo más probable es que se encuentren con una discreta nota de atención que les digan: "Otra vez, avisa antes de venir" o peor aún: que ni siquiera le abran la puerta cuando vean por la mirilla de quién se trata.

Si, aun así, es usted de esos ingenuos que visita a todos sin previo aviso, he aquí algunas normas imprescindibles:

- Por lo menos, ya que seguramente estará incordiando, sea breve. No se apunte también a cenar aunque se lo pidan. Hay gente tan cortés que no le invita a dormir de puro milagro.
- Lléveles algún regalo, así se darán cuenta que esa visita, al menos, estaba premeditada y que no están allí porque no tenía otra cosa mejor que hacer.
- Tampoco diga aquello de "pasaba por aquí", porque le pueden responder, "pues ya es casualidad".
- Si vislumbra en el ambiente que ha sido inoportuno, despídase a la misma velocidad con la que llegó.

- Evite emplear frases como: "¡Sorpresa!" y en su lugar apresúrese a decir: "Perdona por llegar sin avisar".

- No realice visitas inoportunas los sábados por la noche, los domingos a primera hora de la mañana, ni mucho menos cuando sepa que sus habitantes han tenido un serio disgusto. Hasta las parejas deben tener el privilegio de enfadarse cuando les de la gana y de amigarse cómo y cuándo ellos lo decidan. Si malo es ponerse en medio de un matrimonio cuando discute, mucho más es cuando están haciendo las paces. El momento de la reconciliación en las parejas es uno de los más felices que existe y sería muy desagradable que un despistado/a aparezca entonces para llevarles una caja de bombones.

- También es habitual que existan vecinos que llamen a nuestra puerta cada vez que ellos así lo decidan. En estos casos lo mejor es ser sincero y pedirles que empleen las horas del mediodía para las visitas, alegando cualquier excusa válida.

- Tampoco se apunte a visitas inesperadas cuando haya un partido de fútbol importante o un programa de televisión de visión obligada.

- En resumen: no sea inoportuno y avise siempre antes de acudir a un domicilio particular.

Y respecto a las visitas con previo aviso o bajo demanda del dueño de la casa, he aquí algunas normas a seguir:

- Sea breve, aunque le digan aquello de, "¿Ya te vas?". Si la visita es por la tarde no la alargue hasta la hora de la cena y si es por la mañana confórmese con tomar el vermú.

- Si es para ver a un enfermo procure no dar voces, no le atosigue a preguntas y sea más breve aún. Algo que suele dar resultado es llevarles un libro o revista que sepa le interesa, e incluso leerle algún capítulo corto.

- Es de buen gusto y denota sensibilidad llevar siempre un regalo, bien a los pequeños de la casa o a la mujer. De todas formas, he de advertirle que a los hombres también nos gusta recibir regalos y nos encantaría romper ciertas tradiciones.

- No se siente nunca antes que se lo pidan y mucho menos donde usted elija. Con la familia puede ser un poco menos ortodoxo, pero no tanto que les falte al respeto. Si usted presume de educado con sus amigos, su familia se merece aun mayor esfuerzo y consideración.

- No se ponga a ayudar a preparar la comida sin que se lo pidan. Si considera cortés ofrecerse, evite insistir ante la primera negativa.

- Si es usted el dueño de la casa y recibe a alguien de toda confianza, no por ello lo haga en bata y con zapatillas. Hasta los padres -debería decir: preferentemente los padres- requieren un poco de delicadeza por nuestra parte. Es muy agradable ver que nuestro anfitrión, incluidos los hijos, ha ordenado la casa para que estemos cómodos cuando lleguemos.

- No cometa el error de recibirles con la casa sin arreglar y pedirles: "espera un poco que arreglo este sofá para que te puedas sentar". Si la visita ha sido avisada, todo debe estar en su punto y no pedir excusas para "bajar a la tienda a comprar algo para la merienda".

Recuerde estos otros detalles:

1- La merienda debe servirse entre las seis y las ocho de la tarde.

2- Invitar a tomar café quiere decir poco después de la comida.

3- La comida habitualmente entre las dos y las tres, salvo que sean extranjeros. En este caso pregúnteles a qué hora comen habitualmente.

4- Si vienen con niños debe disponer de un lugar o elementos adecuados para que no se aburran mientras usted habla. No se olvide, bajo ningún pretexto, tener preparados dulces y refrescos.

5- Si pone la televisión o el vídeo, asegúrese de que todos disfruten de la pantalla. Evite temas tan polémicos como las corridas de toros, el fútbol o las películas porno.

6- Tenga siempre dispuestas infusiones de poleo, menta o manzanilla. También es conveniente estar provisto de bolsitas de té, café descafeinado y hasta sacarina.

7- La leche la pondrá en una jarra de porcelana y el azúcar en recipiente metálico o igual a la de la leche. Si lo suyo es el té deberá disponer de una jarra para el agua caliente y unas rodajas de limón, además de leche templada.

8- Las pastas, dulces, y la copita de licor, también son del agrado de casi todos. No moje nunca las pastas en la taza; cómalas sin más.

9- Las servilletas puede ponerlas de papel, aunque las de tela resisten perfectamente las nuevas modas.

10- Cuando termine, ponga la cucharilla en el plato y no caiga en la tentación de lamerla si la ha utilizado para comer tarta.

Sugerencias:

- No ponga demasiada luz en el ambiente, especialmente si existen espejos. Se ha demostrado que una luz tenue elimina la timidez y predispone a la conversación.

- Cuando tenga dudas sobre a quién servir en primer lugar, escoja a la persona de más edad.

- Nunca llene las copas de vino hasta arriba y eso solamente la primera vez; las reposiciones son por cuenta de cada uno.

- No retire los platos hasta que hayan terminado todos de comer.

- Son los invitados los que deciden la hora de finalizar una reunión, aunque los anfitriones deberán haber marcado previamente un principio y un final. No sea usted patoso y pretenda quedarse hasta el día siguiente solamente porque no tenga otra cosa mejor que hacer.

- Si la fiesta es para jóvenes los padres deben permanecer al margen, no tratando de mezclarse con ellos para demostrar lo bien que se conservan. Ahora bien, para controlarles basta con limitar la cantidad de bebidas alcohólicas disponibles.

Parte 5-f

EL TUTEO

Hay reglas que nunca deberían haberse modificado, puesto que no han servido para mejorar las relaciones entre las personas. Al igual que haber cambiado el apretón de manos por un par de besos en la mejilla no ha contribuido a una mejor relación social, tutearse en cualquier lugar y circunstancia ha servido para agudizar aún más las diferencias entre las clases sociales. Hace años todo el mundo se trataba de usted y solamente la amistad permitía que nos pudiésemos "llamar de tú", quedando bien claro desde el primer momento que si elegíamos seguir llamándonos de usted es porque no queríamos intimar. De esta manera tan sencilla las personas sorteábamos un montón de explicaciones y, sobre todo, evitábamos los malentendidos.

El problema con el uso o no del tuteo es doble, porque cuando es otra persona la que va a realizar las presentaciones nos marca ya un camino que posiblemente no desearíamos seguir. Sin averiguar si ambos queremos ser tuteados o no, efectúa las presentaciones diciendo: "te presento a...", con lo cual nos obliga a seguir empleando esta formalidad.

En estos casos hay una forma muy sencilla de averiguar cuál es la forma correcta y es la siguiente: si nosotros tenemos que presentar a dos personas y ambas son amigas o parientes nuestros, no hay ningún problema en decir "te presento a", puesto que nuestra amistad con ambos nos faculta para seguir llamándoles de tú. Pero si una de las dos personas es muy amiga y la otra casi un desconocido o su categoría social implica cierta prudencia, podemos dirigirnos a la persona extraña de usted, mientras a la conocida de tú. Puede parecer complejo, pero es sumamente sencillo: "Te presento a... le presento a...".

He aquí algunas reglas esenciales del buen comportamiento:

- No cometa el error clasista de llamar de tú a los empleados o personas de categoría económica baja, mientras que emplea el usted para los consagrados socialmente. O todos, o ninguno, al menos cuando estén revueltos en el mismo lugar.

- Las personas de más edad que la suya siempre agradecen cierta deferencia en el trato y por eso emplee el "usted" como norma básica, hasta que ellos le indiquen lo contrario. Esta regla es especialmente estricta para tratar a los suegros.

- Tenga cuidado, no obstante, con las personas que están a caballo entre la juventud y la madurez, puesto que llamarles de usted les puede ofender, especialmente si somos más jóvenes que ellos.

- A los ancianos casi nunca hay que llamarles de tú, puesto que debemos demostrarles que su edad nos causa gran respeto.
- Curiosamente, los jovencitos/as, entre 12 y 18, se sienten felices si una persona mayor les trata de usted. Eso les hace adultos rápidamente, o al menos así lo creen.
- Evite emplear la palabra "TÚ", cuando vaya a tutear a alguien. Si maneja bien el lenguaje se dará cuenta que es igual de fácil decir, "¿Cómo te llamas?", en lugar del horroroso, "¿Y tú cómo te llamas?".
- Una situación embarazosa es cuando su jefe le llama en una fiesta de tú y le es imposible por su parte tutearle después de tantos años. No hay problema en que siga empleando los mismos términos para mantener esa barrera social que ambos han establecido desde hace años.
- Si sale al extranjero sepa que cada país tiene sus propias normas, así que infórmese antes.

Parte 5-g

CIRCUNSTANCIAS SOCIALES HABITUALES

Aunque el acercamiento jurídico y laboral entre ambos sexos es ya un hecho, en lo social parece que se prefiere seguir conservando ciertas costumbres antiguas, aunque algunas pueden indicar cierto sexismo preferencial hacia las mujeres.

Ceder el paso

La educación social obliga:

1- Al hombre a ceder el paso a la mujer ante una puerta o lugar estrecho de paso.
2- Lo mismo hará el joven con el acompañante de mayor edad.
3- A la persona de menor categoría profesional con la de mayor categoría profesional que camine junto a él.

Esta regla tiene unas excepciones y no se aplica en lugares en los que cumplirlas sea complicado, por ejemplo:

- Entrada o salida de un ascensor público cuando está lleno (se perdería mucho tiempo.)
- Lo mismo que si un grupo de hombres y mujeres van caminando juntos y cruzando muchas puertas (vida profesional.)
- Cuando se entra en un recinto que pueda tener riesgos; en ese caso el hombre entra primero.

Ceder asiento

- El hombre debe ceder el asiento a una mujer.
- Ambos deben ceder el asiento a una persona de mayor edad que carezca de asiento y a una persona impedida. En estos casos, no existe preferencia entre hombres y mujeres a la hora de ser corteses. En una ocasión, escuché a una señora gritar descalificativos contra los varones que estaban en el autobús, pues ella se tuvo que levantar para ceder el asiento a una mujer embarazada. ¿Y por qué no?
- La chica/o joven debe ceder el asiento a:
una persona mayor que carezca de él
una persona impedida
una señora embarazada o con un niño en brazos.

Encuentros en la calle

- Si vamos por la calle con un amigo/a y éste se encuentra a un tercero (que nuestro acompañante conoce y nosotros no), lo correcto es que nos lo presente al instante, incluso antes de que ambos comiencen una conversación.

Escaleras

- Si la anchura de la escalera lo permite es correcto que ambos (hombre y mujer) caminen juntos; ella a la derecha de él.
- En las escaleras mecánicas, nos situaremos siempre a la derecha, permitiendo así que las personas con más prisa puedan adelantarnos por la izquierda.
- Al llegar al final de la escalera o pasillo mecánico, debemos avanzar al menos unos pasos antes de detenernos.

Ascensores

- Si estamos dentro de una cabina y vemos que alguien se aproxima, esperaremos unos segundos con el ascensor detenido para no dejarle fuera. Por supuesto, agradeceremos el gesto si es a nosotros a quien han esperado.
- Aunque no conozcamos de nada a nuestros compañeros de ascensor, hay que saludar al entrar y despedirse al salir. No obstante, el saludo no es necesario en los lugares públicos, como museos, oficinas del Estado, estadios, etc.
- En los edificios de viviendas es cuando no se pueden obviar las normas de cortesía, preguntando a los demás a qué piso van, y respetando el orden de pulsar los indicadores oportunos.
- Apártese con cuidado para dejar salir a quienes bajen antes que usted, y no olvide ceder el paso (si es un ascensor pequeño).
- En los ascensores, como en cualquier lugar pequeño, está prohibido fumar.

Parte 5-h

El regalo

Los regalos también forman parte del paisaje de la Navidad, aunque su significado cambia con el ritmo de los tiempos. El día de Reyes, sin embargo, sigue siendo el momento más señalado del año para el intercambio de regalos, aunque para muchos constituya solamente una argucia del marketing comercial. Sin embargo, es el momento idóneo para saber si hay alguien que se acuerda de nosotros, y aunque la situación nos parezca algo forzada, lo cierto es que el proceso de pensar, comprar, envolver y entregar el regalo, es todo un ejercicio de sentimientos.

El regalo puede ser práctico, detallista, original, educativo, sentimental o de simple cumplimiento, pero de cualquier modo refleja mucho de la persona que lo entrega y sus sentimientos hacia quien los recibe.

La elección del regalo es un arte de la improvisación, y se requiere:
Sentido común
Sensibilidad
Generosidad
Deseos de agradar.

Es muy difícil establecer unas normas, ya que es un terreno muy subjetivo e influyen circunstancias tan personales como:
Relación con el destinatario del regalo
Gustos particulares

Edad
Posibilidades financieras de ambos.

Normas para no equivocarse

- Habilidad para descubrir los gustos del otro de un modo indirecto. Por ejemplo, aprovechando conversaciones casuales. También es normal que preguntemos a sus allegados.
- Salvo los más materialistas, que juzgan el regalo por su precio, la mayoría de las personas verán en él algo de nuestra personalidad (que es en cierta medida el afecto que les profesamos).
- Hay que regalar con humildad, incluso a los poderosos.
- Tenga en cuenta que un bolígrafo de categoría le costará menos incluso que un mal suéter.
- No es aconsejable regalar animales, a no ser que sea de mutuo acuerdo con el obsequiado y su familia.
- No se regalan objetos que nos hayan regalado ellos con anterioridad, salvo que se trate de un valor sentimental muy intenso. Regalar un objeto que perteneció a nuestro abuelo es un gran detalle, pero no lo es hacerlo con el anillo de bodas de nuestro anterior matrimonio.
- Aunque el envoltorio se rompa y tire con rapidez, debemos cuidarlo.
- Dicen que no hay que regalar dinero, pero en ocasiones es el mejor regalo.
- Evitar los regalos muy personales o íntimos a no ser que no se generen suspicacias. La lencería se regala entre las parejas, pero resultará desconcertante que una mujer regale calzoncillos a su cuñado, por ejemplo.

- Es de mal efecto alabar nuestro regalo en el momento de la entrega; ese ego debe evitarse. El regalo se da apenas sin palabras.
- Los regalos por vía postal se agradecen igualmente por escrito.
- Hay que abrir el obsequio en presencia de quien te lo entregue. No deje el paquete y diga que luego lo abrirá; esto puede ser muy doloroso para quien se ha molestado en comprarlo.
- Agradeceremos a todos por igual su obsequio, muy especialmente a quien nos odia un pelín, pues al menos ha tenido un buen detalle.
- Lo agradeceremos, igualmente, aunque el regalo no sea de nuestro agrado. Si ya lo tenemos podemos decir con alegría: ¡Bueno, ya tengo la pareja!

Parte 6

PROTOCOLO OFICIAL

Parte 6-a

1) Los actos pueden ser:

a) Actos de carácter general
Los organizados por la Corona, Gobierno o la Administración del Estado, Comunidades Autónomas o corporaciones locales, con ocasión de conmemoraciones o acontecimientos nacionales, de las autonomías, provinciales o locales.

b) Actos de carácter especial
Los organizados por determinadas instituciones, organismos o autoridades, con ocasión de conmemoraciones o acontecimientos propios del ámbito especifico de sus respectivos servicios, funciones y actividades.

Los actos serán presididos por la autoridad que los organice. En el caso de cesión de la presidencia, ocupará un lugar inmediato a la misma (que, en general, será a su izquierda).

2) **Los rangos de ordenación** (artículo 8). Son los siguientes:

a) El individual:

Regula el orden singular de autoridades, titulares de cargos públicos y de personalidades.

b) El departamental:

Regula la ordenación de los ministerios.

c) El colegiado:

Regula la relación entre las instituciones y corporaciones cuando asistan a los actos oficiales con dicha presencia institucional o corporativa, teniendo así carácter colectivo y sin extenderse a sus respectivos miembros en particular.

3) **La «representación»** (artículo 9):

La persona que represente en su cargo a una autoridad superior a la de su propio rango no gozará de la precedencia reconocida a la autoridad que representa y ocupará el lugar que le corresponda por su propio rango, salvo que ostente expresamente la representación de Su Majestad el Rey o del Presidente del Gobierno.

Este artículo, sobre la «representación», es sumamente importante, pues es consecuencia de una antigua costumbre internacional, según la cual el «representante» ocupa el puesto del «representado» solamente si este (el «representado») es el jefe del Estado o el jefe del Poder Ejecutivo (algunos países como Francia añaden al jefe del Poder Legislativo). Dicho de otro modo, las únicas autoridades que pueden transmitir su rango y puesto a quien las «represente» son las del máximo nivel del Estado: el jefe del Estado y el jefe del Poder Ejecutivo y el jefe del Poder Legislativo. ¿Razón? Porque son las únicas que detentan el poder para realizar esta plena transmisión.

Si un ministro de Gobierno no puede asistir a un acto, por enfermedad o ausencia, educadamente se excusa indicando la razón, y no pasa nada. Pues bien, por su vanidad tiene que estar presente y, como no puede, envía en su nombre a una autoridad de inferior nivel para que lo represente. Esta autoridad cree que ocupará el puesto del ministro y no es así. Si es educada, comprende y acepta la razonable explicación que recibe; si no lo es, arma el cisco y después crucifica al excelente, educado y respetuoso funcionario que se la ha dado.

Parte 6-b

LAS ÓRDENES AL MÉRITO

LAS CONDECORACIONES

1. Definición y origen histórico

Es una alta dignidad honorífica, personal e intransferible, otorgada por un jefe de Estado a una persona física, nacional o extranjera, o a una entidad, institución o persona jurídica, en reconocimiento de sus importantes servicios a la nación.

Específicamente, el término «condecoración» significa la insignia que corresponde a un grado determinado de una Orden al mérito u honorífica. Tienen su origen en las antiguas órdenes caballerescas, de carácter religioso, militar y hospitalario, creadas en la Alta Edad Media, a principio del siglo XI, en los reinos europeos, como consecuencia de la Primera Cruzada.

Su objeto era la difusión y defensa de la cristiandad en la Europa nororiental, central, y en la Península Ibérica, para la protección y atención hospitalaria de los peregrinos que viajaban a Tierra Santa y a Santiago de Compostela; y por último, para la defensa de la mencionada cristiandad en el Mediterráneo, ante el progresivo avance desde Oriente del Imperio Otomano, llamado, entonces, el "Gran Turco".

A partir del siglo XVI, estas órdenes evolucionaron, transformándose paulatinamente, en lo que podríamos denominar órdenes nobiliarias al mérito (pues para ingresar en ellas era necesario realizar "pruebas de nobleza".) De tal modo, que, entrado el siglo XVIII, la mayoría terminó siendo lo que hoy son: órdenes al mérito, por servicios a la nación, accesibles a todos los ciudadanos. Puede decirse, por tanto, que fue en este siglo cuando adquirieron su actual naturaleza.

No existe mas que una excepción: la Ínclita y Soberana, Militar y Hospitalaria Orden de San Juan de Jerusalén, también denominada Orden de Malta (por su prolongada estadía en dicha isla), creada en Jerusalén en el 1089, año de la Primera Cruzada. Esta Orden mundial, a principios del siglo XXI (diez siglos después de su creación), sigue existiendo y realizando una admirable labor hospitalaria en todo el planeta.

2. Clases de órdenes al mérito

- **Órdenes mixtas,** que pueden ser otorgadas indistintamente por méritos civiles o militares; con distintivos específicos, según sean los meritos de uno u otro carácter.
- **Órdenes civiles**, únicamente para méritos civiles.
- **Órdenes militares,** únicamente para méritos militares.

- Ordenes militares, que pueden ser otorgadas por meritos civiles o de tiempo de paz. Entre estas, merecen mencionarse las españolas del Mérito Militar, del Mérito Naval y del Mérito Aeronáutico, cuyas insignias tienen el denominado «distintivo rojo» (fondo rojo), cuando simbolizan méritos militares o de guerra, y el denominado «distintivo blanco» (fondo blanco), cuando simbolizan méritos civiles o de paz. Como ejemplo, la gran cruz del Mérito Militar, con distintivo blanco.

3. Insignias correspondientes a cada grado, de más a menos

1) Collar
- Un **collar,** cuyos eslabones tienen el o los símbolos de la Orden.
- Una **banda**, con los colores de la Orden, de cuyo lazo terminal cuelga una venera (Cruz que los caballeros de las órdenes militares llevaban colgada al pecho.)
- Una **placa** con los símbolos de la Orden.

Aunque haya excepciones, generalmente el collar de una Orden, que constituye su máxima categoría, suele otorgarse sólo a jefes de Estado. Existen órdenes que no poseen esta supercategoría, por ejemplo, la Legión Francesa.

2) Gran Cruz
- Una banda semejante a la del Collar.
- Una placa semejante a la del Collar.
Cuando la persona agraciada con el Collar o la Gran Cruz es una mujer, la banda es más estrecha y la placa más pequeña.

3) Encomienda con Placa, también denominada Encomienda de Número (pues, usualmente y en su reverso, está numerada), es un grado llamado en el extranjero Gran Oficial
- Una placa con el símbolo de la Orden de tamaño algo menor que las placas del Collar y de la Gran Cruz.
- Algunas órdenes tienen en este grado una insignia más. Esto es, una venera o cruz con los símbolos de la Orden en su anverso y reverso, pendiente de una larga cinta con los colores de la Orden, que se ata al cuello.

4) Encomienda
- Una venera, semejante a la descrita en el segundo párrafo del punto anterior.

5) Oficial
- Una cruz con los símbolos de la Orden en su anverso y reverso, pendiente de una cinta corta, con los colores de la Orden, y sujeta a un pasador. En el centro de la cinta, ostenta un pequeño rosetón o lazo de los mismos colores

6) Caballero
- Una cruz semejante a la de Oficial, de igual tamaño o algo menor, y sin el rosetón o lazo en la cinta.

7) Corbata
De gran importancia, consiste en una cinta larga y estrecha que se ata junto a la moharra (punta de la lanza o asta, que lleva la bandera), de las banderas, estandartes o guiones, y que suele terminar en flecos de oro. Significa, que la unidad militar o la entidad civil, portadoras de su propia bandera (que puede ser la nacional u otra específica), han sido condecoradas con esa Orden al Mérito.

Parte 6-c

MODOS DE LLEVAR LAS CONDECORACIONES

1) Uniforme masculino o femenino
(No nos referiremos aquí a los uniformes de las Fuerzas Armadas, que tienen sus propias normas, aunque básicamente sean las mismas.)

a) **Banda**
La banda debe llevarse sobre el hombro derecho (metida por la hombrera) de la guerrera, levita o chaqueta del uniforme, con caída a la cintura bajo el brazo izquierdo. Y si la guerrera o chaqueta del uniforme consta de un cinturón o faja, por debajo de los mismos.

b) **Placas**
Se llevan en el lado izquierdo de la guerrera del uniforme, a la altura del corazón.

A semejanza de lo dicho para el Collar y la Gran Cruz, en los grados de Encomienda, Oficial y Caballero, cuando la persona agraciada es una mujer y para que la condecoración resulte más adecuada, algunas órdenes (las españolas, por ejemplo) sustituyen la cinta por un lazo, con los colores de la Orden, del que pende la venera o cruz. Asimismo, y en las órdenes españolas, en ellas el grado de Caballero es denominado «Dama».

De poseerse varias, lo acostumbrado es no llevar más de cuatro: en dos hileras horizontales y superpuestas de dos placas cada una; o en dos líneas, perpendiculares, en forma de cruz.

c) Venera de la Encomienda
La venera cuelga del cuello.

Si el uniforme es de cuello cerrado, la cinta no ha de verse porque va por dentro; solamente por el cierre del cuello del uniforme ha de asomar la insignia.

Si la guerrera o levita del uniforme es de cuello abierto con solapas, con camisa de cuello bajo y corbata, la cinta va por dentro del cuello de la camisa, asomando tan solo la insignia por encima del nudo de la corbata.

Si la camisa es de cuello duro y pajarita, se lleva igual que en el frac.

d) Cruces de Oficial y de Caballero o Dama
Se llevan en la parte superior, en el lado izquierdo del pecho. Si se tienen varias, es aconsejable llevarlas colgantes de un solo pasador.

2) Frac

a) Banda
Se lleva debajo de la levita (nunca encima) y en el mismo sentido descrito en el punto anterior, desde el hombro derecho, con caída a la cintura, al lado izquierdo.

Respecto al chaleco del frac, hay que saber que se lleva de dos modos diferentes:

- El sistema general:

La banda queda encima del chaleco y debajo de la levita, es decir, entre el chaleco y la levita, y cae desde el hombro derecho al costado izquierdo.

- El sistema excepcional:

La banda va debajo del chaleco. Este modo excepcional de llevar la banda en el frac es utilizado únicamente cuando se está en presencia de un jefe de Estado, sea rey o reina soberana, o presidente de república; asimismo, en presencia de una reina consorte, un príncipe heredero y su esposa, y una princesa heredera y su cónyuge. En este caso, la banda, es más corta y se denomina «bandín». Se lleva, del siguiente modo: debajo del chaleco, como hemos visto, pasa debajo del brazo derecho en lugar de encima del hombro del mismo lado y, menos inclinada, cae hacia la cintura izquierda. Este sistema fue diseñado por la corte británica durante la soberanía de la reina Victoria, en el siglo XIX. El resultado es más elegante, razón por la cual es frecuentemente utilizado incluso encima del chaleco del frac.

b) Placas

Se llevan en la parte media-baja, del lado izquierdo de la levita del frac. De poseerse varias, el buen gusto aconseja no llevar más de dos, que han de colocarse anguladas.

c) Venera de la Encomienda

Su insignia ha de colgar justo debajo de la corbata blanca, de lazo (o pajarita), del frac. En consecuencia, su cinta, para no ser vista, debe ir debajo de la cinta de la corbata del frac (lo cual no es cosa fácil), pero esta circunstancia depende de la habilidad manual del caballero.

Para evitar que asomen por arriba y por detrás las cintitas que la anudan, un buen truco es sujetar, con imperdibles, enganchados por detrás de la camisa, ambos extremos de la cinta.

d) Miniaturas colgantes

Las miniaturas van en la solapa izquierda de la levita del frac. Deben llevarse las miniaturas colgantes de todas las condecoraciones que se posean. Si son varias, colgando de un único y estrecho pasador. Si son muchas, en el mismo pasador, en dos hileras paralelas, una encima de la otra.

Parte 6-d

LA MONARQUÍA ESPAÑOLA

Nuestra Constitución, en su Artículo 1°-, dice: «España se constituye en un Estado social y democrático de Derecho, que propugna como valores superiores de su ordenamiento jurídico la libertad, la justicia, la igualdad y el pluralismo político... La forma política del Estado español es la *Monarquía parlamentaria.*» A cuya cabeza, obviamente, está el Rey.

Su Majestad don Juan Carlos I, Rey de España, es nieto de nuestro último soberano el Rey Alfonso XIII, quien nació Rey, pues su padre, Alfonso XII, casado en segundas nupcias con dona María Cristina de Habsburgo-Lorena, archiduquesa de Austria, falleció justo antes del nacimiento de su hijo, sucedido el 17 de mayo de 1886.

Don Juan, conde de Barcelona, padre de Su Majestad el Rey don Juan Carlos I, fue jefe de la Casa Real española, por abdicación de su padre el Rey Alfonso XIII, hasta la proclamación de su hijo como Rey de España. Casado en Roma el 12 de octubre de 1935 con su prima doña María de las Mercedes de Borbón-Orleans, princesa de Borbón-Dos Sicilias, y fallecido en Pamplona el 1 de abril de 1993. Su esposa, doña María de las Mercedes, falleció en Lanzarote el 2 de enero del año 2000.

Doña Beatriz, infanta de España, casada con don Alejandro Torlonia, príncipe de Civitella-Cesi.

Doña Maria Cristina, infanta de España, casada con don Enrique Eugenio Marone Cinzano, conde de Marone, ambos fallecidos, el conde de Marone el 23 de octubre de 1968 y la infanta dona Maria Cristina el 23 de diciembre de 1996.

A su vez, Sus Altezas Reales los condes de Barcelona tuvieron los siguientes hijos: Doña María del Pilar, infanta de España, duquesa de Badajoz, viuda de don Luis Gómez-Acebo, vizconde de la Torre, fallecido el 9 de marzo de 1991.

Su Majestad don Juan Carlos I, Rey de España y Soberano Gran Maestre de la Orden del Toison de Oro, además de serlo, como es obvio, de todas las órdenes españolas; nacido en Roma, el 5 de enero de 1938, contrajo matrimonio con doña Sofía, princesa de Grecia y posteriormente reina consorte de España, en Atenas, el 14 de mayo de 1962.

Dona Margarita, infanta de España, duquesa de Soria y duquesa de Hernani, esposa del doctor don Carlos Zurita.
Don Alfonso, infante de España, fallecido en Estoril (Portugal) el 29 de marzo de 1956.

La familia real y la familia del Rey

Es evidente que una cosa es la Familia Real y otra, diferente, la familia del Rey. Veámoslas:

La Familia Real, es decir, la Casa Real española

La Constitución, en su Artículo 57, Punto 1, nos dice: «La Corona de España es hereditaria en los sucesores de SM Don Juan Carlos I de Borbón, legitimo heredero de la dinastía histórica. La sucesión en el trono seguirá el orden regular de primogenitura y representación, siendo preferida siempre la línea anterior a las posteriores; en la misma línea, el grado mas próximo al más remoto; en el mismo grado, el varón a la mujer, y en el mismo sexo, la persona de más edad a la de menos.»
En cumplimiento de la Constitución y, en la actualidad, con el Príncipe de Asturias, el Orden de Sucesión personalizado, es el siguiente:

- 1. S.A.R. el Príncipe de Asturias.
- 2. S.A.R. la infanta dona Elena, duquesa de Lugo.
- 3. Excmo. Sr. don Felipe Froilan de Marichalar y de Borbón.
- 4. Excma. Sra. doña Victoria Federica de Marichalar y de Borbón.
- 5. S.A.R. la infanta doña Cristina, duquesa de Palma de Mallorca.
- 6. Excmo. Sr. don Juan Urdangarín y de Borbón.
- 7. Excmo. Sr. don Pablo Nicolás Urdangarín y de Borbón.
- 8. S.A.R. la infanta dona Maria del Pilar, duquesa de Badajoz. Hermana del Rey.

En la actualidad, el rey de España es Don Felipe de Borbón y Grecia, el tercer hijo de Sus Majestades los Reyes Don Juan Carlos y Doña Sofía. Su padre, el Rey Don Juan Carlos I, abdicó la Corona de España y sancionó la preceptiva Ley Orgánica el 18 de junio de 2014.

Nació en Madrid el 30 de enero de 1968 en la clínica de Nuestra Señora de Loreto. Recibió en el Sacramento del Bautismo los nombres de Felipe, Juan, Pablo y Alfonso de Todos los Santos en memoria, respectivamente, del primer Borbón que reinó en España; de su abuelo paterno, el Jefe de la Casa Real Española; de su abuelo materno el Rey de los Helenos, y de su bisabuelo Don Alfonso XIII, Rey de España. Fueron sus padrinos su abuelo, Su Alteza Real Don Juan de Borbón, Conde de Barcelona y su bisabuela, la Reina Doña Victoria Eugenia.

El día 1 de noviembre de 2003, Sus Majestades los Reyes anunciaron su compromiso matrimonial con Doña Letizia Ortiz Rocasolano.
La ceremonia religiosa se celebró el 22 de mayo de 2004 en la Catedral de Santa María la Real de la Almudena de Madrid.
Tienen dos hijas, las Infantas Leonor, nacida el 31 de octubre de 2005, y Sofía, el 29 de abril de 2007, ambas en Madrid.

Con el nacimiento de Leonor, la hija de los Príncipes de Asturias, se pone en marcha un largo proceso que, a priori, desemboca en la responsabilidad de asumir la jefatura del Estado y pasar a los libros de historia. Ser reina de un país. La heredera y sus hermanos tendrán la condición de Infantes de España y recibirán el tratamiento de Alteza Real.
Los hijos del Rey que no tengan la condición de Princesa de Asturias y los hijos de esta o princesa serán Infantes de España y

recibirán el tratamiento de Alteza Real. En la Constitución española (título II, artículo 57) se recuerda que el heredero al trono, desde su nacimiento o desde que se produzca el hecho que origine el llamamiento, tendrá la dignidad de Príncipe de Asturias y los demás títulos vinculados tradicionalmente al sucesor de la Corona de España.

Entre ellos, Leonor ostentará, además del título de Princesa de Asturias procedente del Reino de Castilla, los títulos de Princesa de Gerona, Duquesa de Montblanc, Condesa de Cervera y Señora de Balaguer, procedentes de los Reinos de la Corona de Aragón así como el de Princesa de Viana, procedente del Reino de Navarra.

La familia del Rey

Esta constituida por los tíos, primos y sobrinos próximos de Su Majestad el Rey. A saber:

- S.A.R. la infanta doña Beatriz, princesa de Civitella Cesi, tía del Rey, ya mencionada.
- S.A.R. la infanta doña Alicia de Borbón y Austria, princesa de Parma, tía del Rey.
- S.A.R. la infanta dona Dolores de Borbón-Dos Sicilias y de Orleáns. Princesa de Las Dos Sicilias (hermana que fue de la condesa de Barcelona), casada en segundas nupcias con el Excmo. Sr. don Carlos Chias. Tía del Rey.
- S.A.R. la infanta doña Maria de la Esperanza de Borbón Dos Sicilias. Princesa de Las Dos Sicilias (hermana que fue de la condesa de Barcelona), casada con S.A.I. y R. don Pedro de Orleáns-Braganza, pretendiente a la Corona imperial del Brasil. Tía del Rey.
- S.A.R. la infanta doña Alicia de Borbón-Parma, princesa de la Casa de Borbón-Parma, viuda de S.A.R. don Alfonso de

Borbon-Dos Sicilias, infante de Espana, duque de Calabria, jefe que fue de la Casa Real de Las Dos Sicilias. Tía del Rey.

- S.A.R. don Carlos de Borbón-Dos Sicilias, infante de España, duque de Calabria, jefe de la Casa Real de Las Dos Sicilias, casado con S.A.R. dona Ana de Orleáns, hija del conde de París, jefe que fue de la Casa Real de Francia, recientemente fallecido. Primos del Rey.

- Sobrinos del Rey: Los hijos de sus hermanas y de sus primos.

Quiénes son altezas reales en España

1) Principio general. Las únicas personas que gozan de este tratamiento son:

- Los infantes de España.
- Las personas, usualmente parientes de nuestros soberanos, a las que otorguen este tratamiento. Este caso es excepcional.

2) Infante de España. Son los hijos del Rey o Reina soberana, del Príncipe o Princesa de Asturias. Los restantes nietos de los soberanos españoles poseen la categoría de Grande de España con el tratamiento personal de Excmo. Sr. /Excma. Sra.; sin perjuicio, por supuesto, del que les corresponda por el titulo nobiliario que pudieran ostentar.

Parte 6-e

Abreviaturas de tratamiento

A.	Alteza
A.R.	Alteza real
AA.	Altezas
Bmo. P.	Beatísimo padre
D.	Don
D.ª	Doña
Em.	Eminencia
Emm.	Eminentísimo
Exc.ª	Excelencia
Excmo.	Excelentísimo
Fr.	Fray
Ilmo.	Ilustrísimo
M.I. Sr.	Muy ilustre señor
Mlle.	Madamoiselle
Mme.	Madame
Mmes:	Madames
Mons.	Monseñor
Mr.	Mister
Mrs.	Mistress
PP.	Padres
R.P.	Reverendo padre
Rdo.	Reverendo
S.A.	Su alteza

S.E.	Su excelencia
S. Em.	Su eminencia
S.M.	Su majestad
S.P.	Santo padre
S. S.ª	Su señoría
Sr.	Señor
Sra.	Señora
SS.MM.	Sus majestades
U., Ud.	Usted
Vd.	Usted
VV.	Ustedes

Parte 7

ÉTICA PROFESIONAL

Todos tenemos una noción aproximada acerca de la ética, del mismo modo que hasta la persona menos ilustrada es capaz de percibir la diferencia entre lo bueno y lo malo. El vocablo *ética* ya hemos indicado que significa costumbre, aunque si nos atenemos a su sinónimo latino "more", nos lleva al concepto de moral. Ambas voces aluden a un comportamiento humano ordenado conforme a ciertos principios, postulados y normas prescritos por la cultura imperante en cada sociedad. Ellos señalan la línea divisoria entre lo lícito y lo ilícito, lo correcto y lo incorrecto, lo aceptable y lo inaceptable, siempre en cuanto a normas sociales se refiere.

Principios generales

La palabra ética proviene del griego *êthikos* ("carácter"). Se trata del estudio de la moral y del accionar humano para promover los comportamientos deseables. Una sentencia ética supone la elaboración de un juicio moral y una norma que señala cómo deberían actuar los integrantes de una sociedad.

Aunque los conceptos básicos de la ética general y de la ética relacionada con la educación son racionales, universales e intemporales, de igual manera, la interpretación de algunos aspectos de aplicación cotidiana puede variar en el tiempo y en los diferentes lugares, de acuerdo principalmente a cambios culturales. Antaño, por ejemplo, nadie se podía dirigir a una mujer casada si antes no había sido presentado, costumbre que ahora resulta casi imposible de seguir en los países occidentales.

El ser humano produce sus actos por impulsos provenientes de su naturaleza, de su espíritu y de su intelecto. Estos impulsos naturales surgen de sus instintos, como sucede con cualquier animal de nuestro entorno y responden a la satisfacción de necesidades instintivas y no se sujetan por sí mismos a ninguna norma moral, sólo a las de la naturaleza. Así, en el ser humano el control de sus instintos proviene del espíritu y de la razón de su intelecto, facultades propias que le permiten la percepción del entorno natural donde habita y le facilitan la vinculación intelectual con ese entorno.

De esta manera, el don del raciocinio permite al hombre sujetar sus impulsos instintivos mediante la observancia de ciertas normas de carácter social, cultural, moral y legal. La observancia de esas normas implica la regulación de su conducta mediante un respeto a lo considerado por él como conveniente, es decir, aquello que su conciencia le dicta como un "debe ser". Si creen que esto es un concepto represivo inherente al ser humano se equivocan, pues todas las especies animales aprenden poco a poco unas normas de "convivencia", respetando especialmente el territorio, los individuos y muy especialmente la comida. También asimilan pronto el engaño, el atrevimiento, la indiferencia y, por supuesto, el cortejo amoroso.

Este concepto de lo que "debe ser", que preside la vida de los hombres civilizados, se ramifica en diversos códigos de conducta pertenecientes a diversas normas éticas, morales o legales, dependiendo del sistema al cual pertenezcan. Aunque en ocasiones este ceremonial pueda parecernos exagerado, resulta más fácil estar en armonía social y laboral mediante el seguimiento de sus reglas, que yendo al margen.

La voluntad de adherirse a un código ético de conducta está determinada, pues, por el beneficio que resguarda cada norma ética, lo que nos lleva a forjar una justa opinión o valoración acerca de este bien, indispensable para forjar una voluntad personal que acepte la norma ética y se comprometa a cumplirla.

El comportamiento ético anida en la conciencia moral de todo ser humano (no es solamente un aprendizaje) y le sirve de motor, de freno o de dirección -según los casos- al momento de actuar. Por otra parte, la rectitud (honradez, integridad, honestidad, dignidad) no es un ingrediente ajeno al ejercicio profesional, pues aunque los negocios se mueven con frecuencia por callejones oscuros, es un elemento ético inseparable de la actuación profesional, en la que pueden discernirse, al menos, tres elementos:

1. Un conocimiento especializado en la materia en la que se mueve
2. Una destreza técnica en su aplicación al problema que se intenta resolver
3. Un comportamiento de la persona cuyos márgenes no pueden ser desbordados sin faltar a la ética.

Hay quienes sobrepasan, consciente y sistemáticamente, esos márgenes, la mayoría de las veces, no por un afán de lucro deshonesto en su profesión, sino porque en el trabajo diario las señales del control ético se difuminan en beneficio de una mal entendida "convivencia natural". Por ello, muchas veces a las personas se les califica como profesionales que están faltando a la ética sin que exista un Código Profesional que sancione o respalde lo enunciado. Y es que ahí radica la diferencia entre Ética y Leyes, pues la primera no es de obligado cumplimiento;

sin embargo, su inobservancia sí tiene el oportuno castigo, que no es otro que el repudio del medio social en el cual se mueve esa persona.

Para quienes resulta difícil seguir cotidianamente las normas del buen comportamiento, les debo recordar lo siguiente:

Que el bienestar de los demás puede depender de su comportamiento

Que nunca hay excusas para el mal comportamiento

Que es fácil asumir las normas apenas establecidas de la ética.

Parte 7-a

La profesión

Y referente a la denominada "ética profesional", definida en unas leyes nunca escritas pero de amplio dominio, hay que tener en cuenta que la negativa a seguir estas normas se convertirá en una losa sobre nuestras actividades. Las actividades profesionales "poco éticas" nos perjudican a todos, pues con el paso del tiempo nos quedaremos sin clientes, ya que el consumidor recelará, no solamente de su infractor, sino posiblemente del grupo profesional al que pertenece.

Para empezar, hay que seguir una norma: un profesional se abstendrá absolutamente de utilizar valoraciones que representen un juicio subjetivo acerca de lo realizado previamente por un colega. Bien, eso parece ser la norma entre los médicos y posiblemente entre los abogados, pero poco más, pues el resto de los profesionales disfrutan hablando mal de su colega poco ético.

El profesional evaluará todo trabajo realizado por otros profesionales desde una perspectiva objetiva, crítica y amistosa, otorgando a ellos el beneficio de la duda y considerando siempre que la información y circunstancias pasadas en cada caso, muchas veces no son tan claras y evidentes como lo son una vez que el problema ha evolucionado hasta el momento en que él hace una segunda valoración.

También debe considerar la posibilidad de que los que se vieron involucrados en un hecho -por ignorancia o por voluntad- no necesariamente proporcionaron toda la información precisa y verídica en la indagación anterior. El sentido común nos dirá: el profesional se abstendrá de emitir juicios condenatorios o de valor, sin antes cerciorarse si se han hecho las indagaciones y verificaciones que el caso requiere.

Bueno, hablar mal del competidor parece casi una norma de obligado seguimiento (así intentamos anularle), pero este comportamiento no es ético, y siempre es dañino para el sector profesional al que pertenece. Por desgracia, el menosprecio hacia el competidor, respecto de su capacidad profesional, su conocimiento, sus calificaciones y sus habilidades, son hábitos tan extendidos que casi nos tacharán de ingenuos si no seguimos esa corriente.

Parte 7-b

Y AHORA...

Comportamiento ante el público

La puesta en escena

El éxito de una puesta en escena, una salida ante el público, se reafirma con la efectividad de la transmisión y comprensión del mensaje del emisor hacia los receptores o interlocutores posibles. Este aspecto, aparentemente improvisado, es objeto de estudio por los asesores de imagen de los políticos y actores del cine, con investigaciones que le confieren categoría "quasicientífica". Con estos análisis se han abierto numerosos campos para el estudio del comportamiento humano y el manejo de las emociones en grupos de personas, con aplicaciones en el campo de las ciencias humanas y de la educación.

¿Podemos entonces educar las emociones?
¿Es posible el entrenamiento sistemático en las áreas de desarrollo individual e interpersonal?
¿Es posible manipular a una gran masa de personas con la misma facilidad que a una sola?

La Inteligencia Emocional y el manejo de las relaciones interpersonales, afianzan la importancia del control de las características sutiles, aquellas que no pueden tocarse, tales como la autoestima, la comunicación verbal, la empatía o la propia personalidad. Una persona que pretenda dominar la escena pública, debe ser capaz de controlar y modificar en la medida en que sea necesario, sus conductas sociales.

El mundo de los recursos humanos y el desarrollo de personas en cuanto al ámbito laboral de las empresas, tiene cada vez más necesidad de nutrirse de estas tendencias que arrojan luz para una integración de todas las dimensiones del clima sociolaboral y de las organizaciones. Por eso es necesario dominar también el lenguaje no verbal, la otra comunicación, y que resulta de gran importancia a aquellas personas que su situación de status profesional les supone relaciones de comunicación interpersonal en las que actúan a partes iguales mente y cuerpo.

Liderar

Los sistemas de liderazgo, estudiados y desarrollados en diferentes análisis y estudios científicos, nos revelan diferentes perspectivas dependiendo del punto de vista de la disciplina. Las actitudes del emisor con status de control y predisposición sobre un grupo de personas que siguen sus iniciativas, pueden variar dependiendo de la situación y sobre todo de los objetivos y tareas que éste marque en un momento determinado.

El lenguaje del cuerpo

Se trata de una cualidad que muchas personas han utilizado para establecer en cada momento unas pautas de actuación o una línea a seguir en determinados escenarios, ya sean cotidianos, laborales o sociales.

Un entrenamiento adecuado puede conseguir que nos sintamos mucho más seguros de nosotros mismos ante situaciones para las que hemos sido entrenados e, incluso, generar mecanismos de naturaleza no verbal en momentos imprevistos que comuniquen a nuestros interlocutores aquello que queremos transmitirles.

Según M. A. Marín, *"El éxito en la comunicación depende del funcionamiento correcto y adecuado de todos los componentes del sistema de comunicación y solemos partir de la convicción de que hacerse entender por un número pequeño o elevado de personas, es un arte que puede aprenderse. En la medida que se conocen y se ponen en práctica una serie de recursos por parte del emisor, se favorecerá la transmisión del mensaje y su correcta asimilación por parte de los receptores."*

Parte 7-c

POR LA BOCA MUERE EL PEZ

Trucos para hablar correctamente

Usted puede tener su casa limpia, ordenada y hasta con lujo, lo mismo que es posible que domine los secretos de ser un buen anfitrión e incluso que la cocina no tenga ningún secreto. También es seguro que sabe cómo agasajar y asombrar a sus invitados, pero si su lenguaje es desacertado, no sabe expresarse o, peor aún, emplea barbarismos en su verborrea cotidiana, con toda seguridad cuando sus invitados se despidan de usted tendrán una pésima impresión de su inteligencia y cultura.

Podrá alegar en su defensa que lo importante es atender bien a sus invitados y procurar que se encuentren cómodos, e incluso insistir que la inteligencia, la bondad y la educación no tienen porqué ir unidas a un buen dominio de la gramática. Pero en su contra hay quien le podrá replicar que hablar bien cuesta lo mismo que hablar mal, y en eso tendrá razón.

Dicen los expertos que habitualmente las personas no empleamos más allá de 2.000 palabras de nuestra gramática y eso en las mejores condiciones, puesto que cuando estamos en el hogar, un lugar en donde pocos nos esforzamos en cuidar nuestro lenguaje, apenas si superamos las 500. El resto parece ser que las dejamos para hablar de negocios, convencer a nuestros opositores, despistar al inspector de hacienda, o mentir amablemente al guardia de tráfico.

Bien, pues si esto es así, ya me explicarán las razones para que esas apenas 500 palabras de uso diario ni siquiera seamos capaces de expresarlas bien, especialmente si tenemos en cuenta que cuesta lo mismo, fonéticamente hablando, decirlas bien que mal. Pronunciar correctamente no es cuestión de estudios universitarios y ni siquiera de poseer una buena disposición de las cuerdas vocales; es solamente un detalle de interés para no pasar por ignorantes.

Cuando quieran empezar a mejorar su lenguaje, además de leer detalladamente lo que he escrito a continuación, eviten tomar como referencia a los locutores de televisión, puesto que salvo aquellos que nos cuentan las noticias del día, los demás casi presumen de hablar tan mal como la mayoría de la población. Es como si tratasen de ser sencillos y para ello nada mejor que hablar mal, empleando barbarismos y aberraciones impropias de personas que deberían tener un lenguaje exquisito, al menos para justificar su sueldo.

Por algún motivo que desconozco, la mayoría de ellos han decidido, así, sin más, suprimir las "eses" finales y la letra "d" que precede a la "o". Por ejemplo: habitualmente hablan de "cogío" por cogido, "dejao" por dejado y "empleao" en lugar de empleado. Nadie sabe las razones para este ahorro fonético, como tampoco sabemos la costumbre de muchos de ellos de emplear el deje andaluz, cambiando la *z* por la *s*, cuando la mayoría solamente van a esa región en temporada estival y sus antepasados eran, como mucho, de Cuenca o Soria, lugares en los que, por cierto, no se habla nada mal.

Hablar bien, insisto, se lo aseguro, no cuesta más que hablar mal y teniendo en cuenta que como ya dije solamente empleamos 500 palabras en nuestro argot diario, tampoco es mucho sacrificio intentar que al menos esa raquítica cifra esté correctamente bien expresada. Usted quizá me replique que lo primero que tengo que hacer yo es escribir mejor, y es posible que tenga razón, pero al menos me esfuerzo en mejorar un poco más cada día. Además, si encuentran algunos errores (posiblemente unos cientos), siempre le puedo echar la culpa al corrector de estilo de la editorial, una persona a quien considero un sabio en esto de la gramática.

Y ahora, ahí van algunos consejos:

1. La abundancia de palabras inútiles es un síntoma de inferioridad mental.
2. No trates de aparentar una cultura que no tienes. Hazte fuerte detrás de sus conocimientos.
3. Tu lenguaje expresa lo que eres.

4. Una excesiva riqueza en el vocabulario puede encubrir pobreza en el pensamiento, pero un bello pensamiento no podrá expresarse sin un lenguaje adecuado.
5. No es más culto quién más títulos posee, sino aquel que es capaz de hacerse escuchar.
6. No emplee palabras adornadas y evite los preámbulos prolongados. La sencillez compagina muy bien con el bien hablar.
7. No se fíe de los trajes de su vecino; esos se pueden comprar. Déjele hablar primero antes de juzgarle.

El buen orador

Ya hemos dicho algunas reglas básicas, pero no estará de más que recordemos los dos mandamientos esenciales:

1- No hablar mal de nadie, mucho menos de los presentes.
2- No hablar demasiado de sí mismo, especialmente si son alabanzas.

Habitualmente encontrará muchos oyentes cuando usted sea una de esas víboras a las que les gusta hablar mal de los vecinos, los compañeros de trabajo o de su propia pareja. No crea que está triunfando por ello en su ambiente, pues con seguridad, cuando termine de hablar, los que antes le han aplaudido se pondrán a hablar mal de usted y le criticarán por su lengua podrida.

Queda mucho mejor socialmente, y humanamente también, hablar bien de nuestro prójimo. Si tiene que criticar en una reunión a alguien elija al gobierno, a los concejales y al ayuntamiento; eso siempre está bien visto. También puede aprovechar para hablar mal de la carestía de la vida, las guerras y hasta del tiempo, pues a eso nos apuntamos casi todos.

Le recuerdo que:

No hable de política con un político, ni de religión con un sacerdote, a no ser que sea para alabanzas a sus convicciones.
No hable de sexo buscando la sonrisa fácil.
No busque el debate por encima de todo. Retírese de la conversación cuando la polémica suba de tono.

Si la conversación es por teléfono:

Nunca hable demasiado y si lo hace tómese un respiro para dejar hablar a su interlocutor.
Si la conversación se le hace insoportable, dígale que han llamado a la puerta o que tiene mucho trabajo. No deje el teléfono descolgado y asegúrele que le llamará más tarde, aunque no sea cierto y prefiera darse un paseo.
No emplee el contestador automático para largos discursos. Dispone solamente de 30 segundos para decir su nombre, su teléfono y el motivo de su llamada.
No llame después de la diez de la noche ni antes de las diez de la mañana, salvo que conozca a la perfección las costumbres del otro.
No dé por hecho que su llamada telefónica nunca importunará.
Si llama desde un teléfono de otra persona procure que la conversación no dure más de tres minutos. Si se prolonga, avise a su interlocutor que está en un teléfono ajeno para que abrevie.

Parte 7-d

Barbarismos de uso más frecuente

No es cosa de criticar por su lenguaje a las secretarias o dependientes de comercio, puesto que su trabajo les obliga a una gran premura en el uso de la palabra y esa rapidez choca en ocasiones con la buena dicción. Las disculpas hacia ellos deben ser sinceras, lo mismo que hay que ser mucho más exigente con quienes nunca deberían hablar mal, como es el caso de los maestros, los presentadores de radio y televisión y, por supuesto, los políticos. A estos últimos se les debería descontar de su sueldo alguna cantidad cada vez que dicen o realizan una aberración del lenguaje, ya que son un modelo a seguir para miles de personas. A ellos les recomendaría algo tan sencillo como grabar todas sus *alocuciones* y hacerles que las escuchen justo a la hora de dormirse, en la tranquilidad de su hogar, así se darían cuenta que sus *elocuciones* son impropias de unas personas a quienes consideramos cultos.

El lenguaje correcto no es algo que se improvisa, pues requiere práctica y, especialmente, deseos de hacerlo bien. También requiere un conocimiento al menos superficial del comportamiento humano y del nuestro propio, para saber emplear las palabras justo en el momento adecuado. Es importante que recuerde que la presunción y la soberbia son el peor enemigo de una buena conversación, puesto que cualquier error, por pequeño que sea, destacará más en un pedante que cuando lo efectúa una persona más sencilla.

Si usted domina bien un tema, un trabajo o un arte, por ejemplo, las reuniones son el mejor medio para poder expresarse con eficacia, pero no caiga en el error de tratar de impresionar a los demás con sus conocimientos, ni tampoco se sonría maliciosamente cada vez que alguien, menos versado que usted, haga un comentario.

De una manera muy superficial, estos son los diez mandamientos que le pueden servir para mantener un buen nivel en sus conversaciones sociales:

1- No absorba tanto a su interlocutor con su conversación que le impida abrir la boca.

2- Trate de no hablar en distancias y alturas que hagan incómoda la conversación. Tan desagradable es tener que forzar la voz para ser escuchados, como pegarse cara a cara. Si debe aproximarse mucho para un breve comentario, justo en la oreja, evite hacerlo directamente al orificio auditivo y dirija su voz hacia la nuca o la cara. No olvide que los susurros en la oreja son para los enamorados.

3- Con los amigos se habla sin barreras delante, sillas o mesas, mientras que con los demás no existe ningún problema en hacerlo con una mesa entre ambos. Eso evita la excesiva familiaridad y nos puede salvar de escuchar comentarios que no desearíamos.

4- Nunca dirija su mirada a partes anatómicas que pongan nervioso a su interlocutor. Aunque a los varones nos gusta siempre mirar en la profundidad de un escote, mi recomendación es que lo haga cuando no le estén observando.

5- Del mismo modo, evite realizar esas miradas de arriba abajo que tanto se prodigan en quienes tienen más humos que sentido común. Aunque a usted le caiga mal la persona que tiene enfrente y su forma de vestir le parezca desacertada, no realice ningún viaje visual por su vestimenta cuando estén hablando.

6- No clave la mirada fijamente en su interlocutor. Sabemos que mirar a los ojos es norma de buena educación, pero en ocasiones una mirada penetrante durante varios minutos agotará a quien la reciba. Puesto que poseemos el don de mover los ojos a diestro y siniestro, aproveche esta cualidad para mirar en su entorno.

7- Ni lisonjero, ni despreciativo; simplemente amable. Así siempre quedará bien.

8- Cuando tenga que hablar con una persona concreta a quien todavía no conoce, busque un intermediario que les presente. Si esto no es posible, acérquese frontalmente (no le ataque por la espalda) y pidiendo excusas preséntese usted cuanto antes y explique el motivo de su interés.

9- Si su deseo es ligar y le gusta alguien del entorno, debe planificar antes cuál será su primera palabra, puesto que de ella dependerá el éxito o el fracaso de su intento. Observe antes a su presa y busque algo que le indique cuál será el tema de conversación elegido. De todas maneras, la sencillez debe sustituir siempre a la pedantería.

10- Más que hablar usted, pregunte su opinión al interlocutor.

Parte 7-e

Defectos de pronunciación

Si hay algo desconcertante en el mundo de la comunicación, es un académico que sufra del "mal de la perspectiva", un síndrome que provoca un impulso irrefrenable que le lleva a anteponer sus gustos personales a los hechos, la opinión a la descripción. A menudo la capacidad intelectual del sujeto que habla no se resiente en absoluto, e incluso para muchas personas es un síntoma de "tener personalidad", pues parece ser que adoramos más a quien critica que a quien alaba. Sin embargo, en el arte de la comunicación lo importante es ser objetivo, tratando de describir cómo habla la gente –mencionando sus defectos-, pero evitando establecer opiniones personales.

Para los buenos lingüistas la escritura debe ser la expresión gráfica de nuestros sonidos, y no al contrario, siendo esta la razón por la cual las normas de la Real Academia varían con frecuencia. Sin embargo, una persona acostumbrada a leer buenos textos con seguridad habrá conseguido mejorar su lenguaje, pues se está expresando como alguien que cuida la gramática. El idioma hablado no puede deformarse tanto que no se parezca al escrito, encontrándonos por ello que muchos estudiantes terminan escribiendo tan pésimamente como hablan.

Si actualmente escribimos las letras *c, s* y *z*, es porque en su día se decidió escoger la pronunciación castellana como modelo para la ortografía, tratando de evitar que palabras con significado distinto se pronunciasen igual. Si se hubiese escogido el modelo andaluz seseante, por poner un ejemplo, no existirían ahora en español las letras *c* y *z*, o se pronunciarían como si de eses se tratara. Cosa que, por ejemplo, ocurre en el francés, donde el sonido *ce* no existe.

Los residentes en Castilla y sus alrededores estamos seguros de haber conservado el castellano idóneo, encontrando por ello defectos graves de pronunciación en los andaluces y los latinoamericanos. Y puesto que no es una cuestión de cuerdas bucales, debemos considerar que lo único que influye es el mimetismo generacional y social. Afortunadamente, la ortología (arte de pronunciar correctamente) ha ido cediendo su lugar en los estudios lingüísticos a la fonética y a la fonología, ciencias que describen el conjunto de los sonidos de un idioma. De este modo, podríamos considerar como simples excepciones la forma de pronunciar los plurales y la *ce* de los andaluces, aunque nos da miedo pensar en un inglés tratando de aprender nuestro idioma tomando como base estas modificaciones. Y si lo pronuncia incorrectamente, con mucha seguridad terminará también escribiéndolo erróneamente.

En Hispanoamérica y Andalucía existen 17 sonidos consonánticos (ocasionado por emplear un único sonido sibilante, *ese* o *ce*), mientras que en Castilla y norte de España, hay 19. A esta legión de *seseantes* y *ceceantes* habría que mencionarles la grafía *ll*, tan olvidada fonéticamente que hasta podríamos considerar cursi a quien tuviera el atrevimiento de seguir empleándola. Los *yeístas* hemos ganado la batalla, del mismo modo que casi todos hemos obviado la diferencia entre la *b* y la *v* en nuestro lenguaje hablado.

Pero las normas de la Academia no pueden admitir las deformaciones del lenguaje y por ello en su diccionario recoge la palabra seseo, estableciendo que consiste en pronunciar las letras *c* y *z* como si fuesen *s*. Lo dice objetivamente, pero deja bien claro que lo normal es pronunciar el sonido *ce*. De no insistir en ello (infructuosamente, ya lo sabemos), tendremos que seguir confundiendo *caza* y *casa* o *sueco y zueco*, puesto que las pronuncian igual. Y estos son solamente dos ejemplos homófonos, pero tenemos miles, a los que había que añadir la eliminación del plural, siendo habitual escuchar frases como: "*Nosotro queremo* que *no* den una vivienda *adecuá*"; con lo cual la petición queda confusa, ya que no sabemos si la quieren o no.

Afortunadamente la sangre no llega al río, y menos en el arte de hablar gramaticalmente bien, pues no hay que olvidar que las palabras nunca se pronuncian solas, sino que van dentro de un contexto encargado de aclarar las cosas. Si pronunciar un único sonido sibilante fuese un problema para la comprensión, es seguro que no habría ni *seseantes* ni *ceceantes* en nuestro idioma.

De cualquier modo, a la hora de hablar en público sólo hay una manera correcta, y esa nunca crea problemas ni causa asombro. Hablar con buena dicción es una cuestión de vocalización y entonación, y eso es más importante que usar acento andaluz o castellano. Otro asunto a la escritura, en la cual ya no hay dos versiones, sino una sola.

Parte 7-f

Errores más frecuentes en cuanto al uso del lenguaje

(En primer lugar, en **negrita**, pongo la palabra errónea y después la correcta)

A más que: Además
¿A qué estamos hoy? : ¿Qué día es hoy?
Abejarruco: Abejaruco
Absurdez: Absurdo
Abujero: Agujero
A campo través: A campo traviesa
A condición que: Con la condición de que
A delante de: Delante de
Aereonauta: Aeronauta
A expensas mías: A mis expensas
Afectuosísimo: Afectísimo

Afusilar: Fusilar
Al tiempo que: A tiempo que
Alcahueses: Cacahuetes
Amerizar: Amarar
Andamos: Anduvimos
Anticualla: Antigualla
Arrejuntarse: Juntarse
Aspirador: Aspiradora
Astinencia: Abstinencia
Atiforrado: Atiborrado
Axfisiante: Asfixiante
Barajear: Barajar
Bayonesa: Mayonesa
Blancucho: Blancuzco
Blincar: Brincar
Calcamonía: Calcomanía
Calientito: Calentito
Calzoncillo: Calzoncillos (no hay singular)
Carie: Caries (no hay singular)
Carnavales: Carnaval (no hay plural)
Centriquísimo: Muy céntrico
Checoeslovaco: Checoslovaco
Circustancia: Circunstancia
Cocreta: Croqueta
Con el objeto de: Con objeto de
Confraternizar: Fraternizar
Conjuntamente con: Juntamente con
Con todo y con eso: A pesar de todo
Cortacircuito: Cortocircuito
Cuadrigésimo: Cuadragésimo
Cuerpazo: Corpazo
Deducí: Deduje

De parte mía: De mi parte
De seguido: Uno tras otro
De tanto en cuanto: De vez en cuando
Desafortunadamente: Por desgracia
Desapercibido: Inadvertido
Deshumidificador: Deshumedecedor
Desquebrajar: Resquebrajar
Destornillarse: Desternillarse
Distendir: Distender
En diferido: Transmisión diferida
En especies: En especie
En pelotas: En pelota
En plena calle: En medio de la calle
En todavía: Todavía
Engangrenarse: Gangrenarse
Ennumerar: Enumerar
Enquencle: Enclenque
En tanto en cuanto: Siempre que
Equívoco: Equivocación
Eruptar: Eructar
Escribienta: La escribiente
Escurrideras: Escurriduras
Esparcer: Esparcir
Esquíes: Esquís
Estar por casa: Estar en casa
Estudianta: Estudiante
Expansionar: Expandir
Expendiduría: Expendeduría
Falsa maniobra: Maniobra equivocada
Farmaceuta: Farmacéutica
Fertilísimo: Muy fértil
Finalización: Terminación

Fiscalidad: Fiscalización
Folletón: Folletín
Fraticida: Fratricida
Friegaplatos: Lavaplatos
Frío como un témpano: Frío como un témpano de hielo
Fustrar: Frustrar
Fundamentado: Fundado
Gaseoducto: Gasoducto
Genjibre: Jengibre
Grandón: Grandullón
Grillado: Guillado, chiflado.
Hasta qué punto: Cuánto
Hidúe: Hindú
Hispanoparlante: Hispanohablante
Hojadelata: Hojalata
Hora a hora: Hora tras hora
Idiosincracia: Idiosincrasia
Imprimido: Impreso
Inaguración: Inauguración
Incustrar: Incrustar
Indiscrección: Indiscreción
Inexcrutable: Inescrutable
Ingeniero agrícola: Ingeniero agrónomo
Inrompible: Irrompible
Intérvalo: Intervalo
Intrigador: Intrigante
Invernación: Hibernación
Invite: Invitación
Jugar un papel: Desempeñar un papel
Lagrimógeno: Lacrimógeno
Lásers: Láseres
Lejísimo: Lejísimos

Líbido: Libido
Limpiabrisas: Limpiaparabrisas
Llevar buena conducta: Observar buena conducta
Llevar prisa: Tengo prisa
Magnetofón: Magnetófono
Malencarado: Malcarado
Marajá: Maharajá
Más o menos: Poco más o menos
Metementodo: Metomentodo
Metereología: Meteorología
Microcosmos: Microcosmo
Mielero: Melero
Monaguesco: Monegasco
Moñiga: Boñiga
Necesitarse: Necesitar
Negocianta: Una negociante
Noño: Ñoño
Norcoreano: nortecoreano
Noreste: Nordeste
Objección: Objeción
Onzavo: Onceavo
Ofelinato: Orfanato
Pirriarse: Pirrarse
Presionar: Hacer presión
Pretencioso: Presuntuoso
Reostato: Reóstato
Revindicar: Reivindicar
Rimanía: Rumania
Sútil: Sutil
Traducí: Traduje
Vertir: Verter
Yugoeslavo: Yugoslavo

¿Cuál es el secreto para ser atractivo?

Que la belleza abre casi todas las puertas ya lo sabemos, lo mismo que también somos conscientes de que estar atractivo implica sudor, constancia y en ocasiones lágrimas.

Dicen que el concepto de belleza cambia continuamente con las épocas, con la edad de cada cual y por supuesto en cada país, pero no hasta el extremo de que lo que para uno es bello para otro es horroroso. Las preferencias pueden ser cuestión de matices y si indagamos en los gustos de las personas vemos que, en el fondo, todos tenemos los mismos gustos.

Una mujer o un hombre hermosos puede que no correspondan a nuestro ideal de belleza, pero seguramente nadie podrá negar que son bellos. A uno le puede gustar con locura Marilyn Monroe, mientras que otro opinará que tenía demasiada barriga para su gusto, del mismo modo que Harrison Ford será el galán idóneo para una mujer de cuarenta años y un "carrozón" desprovisto de interés para una jovencita. En ambos casos, sin embargo, no se cuestiona que sean o no atractivos, sino que nos gusten a nosotros en particular.

Hay quienes opinan que el ideal de belleza corresponde a las modelos de pasarela, mientras que los más exigentes se inclinan

179

por las mujeres que han ganado un concurso de belleza. Muchas mujeres prefieren a los hombres que hacen culturismo y desarrollan grandes músculos, mientras que otras suspiran aún por alguien como James Dean.

¿Y en qué lugar ponemos a quienes les gustan personas tan distintas como Woody Allen, Alfredo Landa, Verónica Forqué o Rosa María Sardá? ¿Es que no hay nadie que suspire por ellos y les consideren las personas más atractivas del mundo? Por supuesto que sí y una prueba es que todos han sido capaces de enamorar al menos a su pareja y estamos seguros que, además, reciben cientos de cartas de admiradores incondicionales.

El asunto estriba en encontrar aquella faceta que hace más atractiva a una persona que a otra, lo cual muchas veces no tiene una relación directa con su estética. Mientras que el dinero de un hombre o su poder suele romper con facilidad el corazón de muchas mujeres, hasta el punto de encontrar irresistible incluso a alguien que pasaría desapercibido si fuera pobre, una mujer que lleve en una fiesta un traje sexy, ceñido e insinuante, es capaz de hacer volver la cabeza y suspirar de pasión a todos los varones, lo que probablemente no conseguiría con su indumentaria de trabajo habitual.

Si realizamos una ojeada por el mundo animal veremos que entre ellos las cosas están más claras y hay menos espacio para el sentimentalismo. El macho persigue a la hembra solamente para aparearse con ella, sea guapa o fea, mientras que la hembra hará su elección en función de que el macho le cubra o no sus necesidades. En este sentido, los animales guapos no tienen nada que hacer si no son capaces de protegerla a ella o a su prole. El gallo que triunfa en el corral es aquel que impone respeto y protege a las gallinas, mientras que el león es capaz de proteger a su hembra y camada durante varios años si ella accede a aparearse con frecuencia. El reino animal, de una manera instintiva, es consciente de que para sobrevivir necesitan juntarse individuos fuertes y fecundos, siendo este su concepto de la belleza.

Pero entre nosotros algo no encaja, ya que por algún mecanismo aún no conocido somos capaces de sentir una pasión intensa por alguien que no nos aporta nada positivo y hasta en ocasiones su presencia nos mortifica. Es obvio que no tenemos el sentido práctico que tienen los animales y en ello interviene de una manera decisiva la genética.

Lo que también parece claro es que nuestros gustos varían desde la niñez a la madurez y que cuando somos niños el concepto de belleza es mucho más simple y no suele estar condicionado por aspectos externos como el dinero, el poder, la palabra, ni incluso por el vestido. El niño se fija casi exclusivamente en el rostro de las personas y si tiene alguna similitud con el de un niño o sus padres, le gustará. Son muy sensibles a los defectos físicos tales como verrugas, granos, pecas, arrugas, estrabismo o calvicie, necesitando para considerar bella a una persona que tenga un cutis casi perfecto. Los demás detalles corporales, tales como músculos fuertes y voz profunda en los hombres, así como grandes pechos en la mujer y caderas redondeadas, apenas lo consideran atributos de belleza física. Es más, lo habitual es que rechacen aquellos caracteres típicamente sexuales que cuando somos adultos nos atraen especialmente.

Posteriormente, en la juventud, su estética preferida se va acercando un poco más a la del adulto, en el sentido de tener ya en cuenta las características del sexo, pero aún les atraen las facciones infantiles limpias de cualquier imperfección. Suelen ser crueles con los defectos físicos de los demás, llegando a utilizar como insultos palabras como "viejo", "barrigudo", "tartaja", o "pies planos", despreciando así a las personas que no entran dentro de su concepto de belleza.

¿Qué es lo que ocurre en nosotros para que posteriormente aquello que antes no nos gustaba y que nos parecía hasta insoportable, se convierta en motivo de deseo? ¿Qué encuentra de atractivo una persona de 70 años en otra de su edad? ¿Por qué a todos no nos gustan siempre las personas jóvenes? ¿Cambian nuestros gustos estéticos o simplemente nos resignamos?
Pudiera ser que en realidad nuestro sentido de la belleza se modifique como se modifica el gusto por la música, las vacaciones o el vestir. De igual manera que la música rock es muy atractiva para los jóvenes e insoportable para los mayores, incluso para aquellos que la amaron en su juventud, las personas que nos rodean van pasando de ser bellas a indiferentes, según vamos cumpliendo años. De todas maneras siempre hay una apetencia por lo perfecto, lo joven, como lo demuestran las inclinaciones de los hombres maduros hacia las jovencitas, y de las mujeres mayores por los guapos galanes del cine más jóvenes que ellas.

Parte 8-a

Las razas

Lo que es indudable es que no solamente la apariencia física es lo que hace atractiva a una persona, sino también su entorno, su ropa, su voz y por supuesto su prestigio. En un país como Ruanda la gordura puede ser muy atractiva si la mayoría de la población es delgada como consecuencia de la mala alimentación, del mismo modo que, a la inversa, en los países desarrollados la delgadez a ultranza es muy anhelada y por lo que lucha la mayoría de la población, invirtiendo sumas importantes de dinero para mantenerse dentro de los cánones estéticos que predominan.

La raza ya no es actualmente un motivo de valoración para el mundo occidental y hasta podríamos decir que se considera un aliciente exótico ver a una persona guapa perteneciente a otro país. En este sentido, la belleza de las personas orientales, especialmente las mujeres, es muy valorada por los americanos, al igual que se valoran a los hombres de origen latino.

Pero nosotros tampoco somos ajenos a esta predilección por lo extranjero, ya que durante muchos años considerábamos muy hermosas a las mujeres nórdicas, del mismo modo que ahora acudimos con deleite a ver a las bailarinas árabes realizar la danza del vientre y nos encantan las cubanas y brasileñas llenas de sensualidad. Ellas, por su parte, siguen suspirando por un italiano meloso y dulce, o se quedan prendadas de la mirada penetrante de un irlandés.

Hay quien dice que la belleza perfecta es la griega, pero sin embargo ni los varones ni las hembras griegas tienen buena fama como amantes, como lo demuestran las numerosas encuestas que se realizan entre grupos de población elegidos al azar. Estos datos sobre las razas indican, además, que no somos racistas y que las distancias entre las diferentes razas se van juntando cada día más y ya no existen esos contrastes tan grandes entre las costumbres de gentes de diferentes países. Además, no hay que olvidar que razas puras no existen, aunque los nazis insistan en ello, ya que todos somos producto de cierto mestizaje que ha conseguido unos seres humanos cada vez más fuertes.

¿Quién es realmente bello?

Ya hemos dejado bien claro que el concepto de belleza cambia de un país a otro y que el entorno nos influye demasiado, pero de la misma manera que tenemos catalogados a los animales y a las plantas, no solamente por sus cualidades si no hasta por su belleza, con los seres humanos deberíamos también establecer unos patrones de estética que fueran universales, al menos para saber en qué dirección podemos mejorar nuestra apariencia física.

Actualmente hay dos factores que se consideran imprescindibles: uno es la simetría entre ambas partes del cuerpo y otro es la proporción en el desarrollo. Por ejemplo: ambos ojos deben estar situados al mismo nivel, el iris totalmente centrado y las cejas describiendo una ligera línea ascendente. Los ojos "achinados" gustan a casi todos y las mujeres los imitan con su maquillaje, pero en el hombre se insiste en la mirada profunda. Para las mujeres, las medidas 90-60-90 siguen siendo el patrón a valorar, mientras que al varón se le exige mayor anchura de hombros que de caderas, y hasta ahí todos de acuerdo.

Las orejas no deben ser grandes, es mejor pequeñas, ni con apariencia de elefante o "soplillo", mientras que la nariz admite variaciones según el sexo. En las mujeres mejor pequeña y ligeramente respingona, pero en el varón la nariz griega sigue siendo la preferida, con su pequeña curva en el puente.

La frente despejada y con unas pequeñas entradas en el varón, y algo más pequeña y cubierta parcialmente por el cabello en las mujeres. En cuanto a los labios, las cosas no están tan definidas, ya que hay quien prefiere una boquita de "piñón" en una mujer, mientras que otros se chiflan por una boca grande y sensual como la de las mujeres italianas. Y en los hombres hay de todo, ya que unos labios carnosos y abultados como los que predominan en la raza negra son los preferidos, pero tampoco se quedan atrás unos más sencillos como los del actor Keanu Reeves.

El cuello largo y delgado en la mujer, y ancho y más corto en el varón, mientras que en la espalda no hay contrastes: todo el mundo debe tenerla recta, nunca arqueada, y andar en perfecta perpendicular con el suelo.

En cuanto a la piel y el vello también existen fuertes controversias y gustos. Hay quien prefiere una piel libre de pelo en el varón obligándole a depilarse de igual manera que lo hacen las mujeres, mientras que para otras la imagen de Sean Connery en las películas de James Bond 007 es el delirio. En este aspecto hay cierta tendencia a la depilación del varón mientras que, por contraste, hay ya muchas mujeres que reclaman su derecho a no depilarse y exhibir sus axilas pobladas de abundante vello. Que cada cual elija el bosque según sus preferencias, incluido el del pubis.

¿Y el sexo?

Nos guste o no a los menos agraciados, lo cierto es que las personas guapas ligan más o al menos con más rapidez que las feas. En la medida en que una persona es guapa la facilidad para mantener relaciones sexuales aumenta en una proporción geométrica y eso es extensible a todas las edades y razas. Aunque posteriormente, en la cama, las diferencias entre feos y guapos se acorte significativamente y la hermosura ya no nos garantice el éxtasis, el terreno está ya tan abonado que con cualquier cosa que hagan nos conformamos.

Incluso si apagamos la luz y solamente palpamos el cuerpo desnudo, la armonía de las formas de nuestra pareja, la piel tersa y suave, la musculatura perfectamente definida y hasta esa voz cálida y susurrante, nos pueden predisponer ya al delirio, salvo que el resto sea un auténtico desastre. En ese momento la belleza ya no interviene y es necesario dominar el terreno que pisamos si queremos salir airosos. Y es que por desgracia, los atributos sexuales son la única parte de nuestro cuerpo que no necesariamente corresponden con el resto y hasta es posible que una persona poco agraciada, en ese momento decisivo, se comporte como el mejor amante del mundo.

El atractivo de los feos

Después de mucho indagar y de realizar numerosas preguntas entre la población, se llegó a la conclusión que el concepto de belleza no solamente estaba ligado a la armonía de las formas, sino también a ese concepto tan manoseado que se llama personalidad. En la medida en que alguien posee un físico que se diferencia de la mayoría, aunque no sea proporcionado, se le empieza a considerar guapo. Vean algunos ejemplos:

La actriz Audrey Hepburn, lo mismo que la modelo Twiggy, rompieron todos los moldes de la estética femenina con su extraordinaria delgadez y aun así consiguieron entusiasmar a miles de personas. No tenían apenas caderas, sus pechos eran poco menos que un esbozo y las piernas hacían referencia a la canción "Popotitos", pero su atractivo físico estaba fuera de toda duda.

En el lado opuesto estaban las actrices duras, masculinas, como Maureen O'Hara o Katharine Hepburn, las cuales eran muy diferentes a la mujer delicada y sexy que atraía a los hombres, pero que también consiguieron pasar a la historia del cine por su belleza.

Respecto a los hombres las cosas están igualmente confusas, ya que han sido capaces de romper corazones actores como Humphrey Bogart o Clark Gable que eran la antítesis de un hombre guapo, al menos si los encajamos junto a James Dean, Robert Taylor o Rodolfo Valentino. Cualquier parecido entre ellos era pura coincidencia y, sin embargo, todos han sido considerados como bien parecidos.

El secreto en estos hombres y mujeres, no ciertamente guapos ni proporcionados, estaba en su originalidad, en su personalidad, lo cual les daba un atractivo enorme precisamente por ser distintos. Claro está que todo dentro de un orden, ya que todos los feos y feas del cine no eran horrorosos monstruos sacados del baúl de Boris Karloff, sino personas normales, con un cuerpo normal y unas facciones estéticas, ya que de no ser así nadie les hubiera podido considerar guapos por muy distintos que fueran.

Así que ya lo saben mis queridos feos y feas: para resultar atractivos no traten de imitar a los guapos, sino al revés, decídanse por la originalidad en el vestir, el habla y las aficiones, ya que ahí estará el secreto de su éxito.

Parte 8-b

El lenguaje del rostro

"La cara es el espejo del alma", una expresión popular totalmente cierta, aunque habitualmente muy mal interpretada. Con frecuencia tendemos a considerar más buena a una persona guapa que a una fea, lo mismo que solemos dar por hecho que un ciego debe ser forzosamente una buena persona o que otra con una gran cicatriz en la mejilla está más cerca de un gángster que de un sacerdote.

Hay personas que no nos gustan simplemente por su aspecto, guapo o feo, y solemos emplear criterios de valor tan sencillos como "es que me cae mal" o "no me gusta su cara", y basándonos en esta valoración tan poco definida, podemos ser desagradables con una persona con la cual no hemos hablado en la vida, simplemente porque su cara no nos gusta.

En principio y si analizamos estas situaciones de una manera superflua, podemos decir que es una reacción instintiva, un reflejo casi animal, lo que nos hace rechazar a alguien sin motivos aparentes, aunque detrás de esa reacción existe una razón importante para que no nos guste esa persona. Hay gente que habla de un instinto, de un sexto sentido y hasta de que "se le pone la piel de gallina", cuando tienen delante a una persona que les cae mal. ¿Es su rostro? ¿Quizá su olor imperceptible? ¿O un magnetismo desequilibrado lo que nos hace reaccionar tal mal ante la cara de esa persona? No sabemos dónde radica la causa, pero cuando una persona nos cae mal casi nunca se debe a una causa real, o al menos no existe un motivo definido. Lo único que sabemos es que su cara, y con bastante menos frecuencia su cuerpo, no nos gusta. Ese detalle es especialmente importante cuando una persona llega hasta nosotros con ánimo de robarnos, pues si es guapa tiene muchas más probabilidades de éxito que si es fea. Y la razón ya la sabemos: de una persona fea recelamos y nos ponemos en guardia; de una guapa casi nunca, salvo que quiera ligar con nuestra pareja, y en este caso los valores se invierten.

Frecuentemente solemos decir, cuando alguien no nos gusta sin una razón concreta que:

"Tiene cara de mala persona"
"¡Qué cara más desagradable tiene!"
"Me da mala espina"
"No me gusta su cara"
"No me gusta cómo me mira"
"Tiene una cara repulsiva"
"Me gustaría partirle la cara"
"Tiene cara de imbécil" (o de listillo, o de golfa)

Y así hasta una larga lista de comentarios despectivos con los cuales queremos justificar que no tenemos aversión gratuita hacia esa persona; si su cara no nos gusta es por un motivo razonable. Por increíble que parezca, en los juicios por agresiones hacia personas inocentes los agresores se tratan de justificar ante el juez con motivos tan peregrinos como los expuestos con anterioridad, e incluso abunda mucho quien alega que le pegó una paliza porque "me miró de mala manera". Y se quedan tan tranquilos.

He aquí una lista de personas a las cuales es frecuente partirles la cara sin que hayan hecho nada para justificarlo:

Jóvenes pijos. (Los agresores suelen ser incluso sus propios compañeros de pandilla.)
Niños o niñas muy educados (En el colegio es frecuente que sean molestados por compañeros groseros.)
Personas exquisitamente bien vestidas (Serán molestadas especialmente si se mueven en ambientes diferentes.)
Mujeres con abrigos de pieles (Suelen ser agredidas por los ecologistas.)

Mujeres que "van provocando" (El machismo que no cesa, aunque también son motivo de agresión por mujeres celosas de su belleza.)

Personas que hablan con suma corrección en un altercado (Siempre son los que reciben la primera bofetada.)

Parte 8-c

Las manos, el primer acercamiento en sociedad

Las utilizamos para casi todo: para trabajar, para cocinar, para amar, para matar y hasta para curar; sin embargo, apenas las concedemos mayores cuidados que un cotidiano rasurado de uñas y quizá alguna crema suavizante al finalizar la jornada laboral. A cambio, las sometemos a la tortura de detergentes y jabones abrasivos, soportan la luz del sol, el calor, el frío y el aire, tocan alimentos, suciedad, máquinas, tierra y mil cosas más, además de servir en ocasiones para empujar, aplastar y hasta golpear. Si calculásemos cuántas veces al día las martirizamos nos asombraríamos de que, aun así, sean capaces de cumplir su misión año tras año.

Para muchas personas las manos de los demás son el reflejo de su carácter y la prueba de cómo cuidan su cuerpo. Unas manos agrietadas indican que el trabajo que ejercemos es manual, mientras que unos dedos largos y delicados pueden ser indicativos de personalidad artística, o de persona que vive a costa de los demás.

Mientras que para unos estrechar una mano fornida es agradable, para otros les intimida, del mismo modo que una mano delicada en una mujer atrae y puede repeler cuando es un hombre. Las manos agrietadas y temblorosas de un anciano predisponen a la piedad, así como la mano suave y pequeña de un niño nos invita a la ternura. Todo es según la mano que nos tienden, que nos golpea o que nos aprieta.

En un manual sobre comportamiento social no podría, por tanto, faltar un estudio sobre la mano, aunque antes nos gustaría pedir a nuestros lectores que ejercitaran el arte de estrecharla adecuadamente, algo que si no se practica puede inducir a errores y quizá originar problemas. Hay que tener en cuenta que el apretón de manos es el primer contacto que se realiza entre dos personas y que coger la mano a la persona amada puede ser el preludio de una jornada de placer.

El lavado diario

Dicen que las manos son la parte más perfecta de nuestro cuerpo y que en ellas reside la gran primacía del ser humano sobre los animales, ya que no existe ninguna parte corporal que tenga tanta habilidad y que ejecute con tanta rapidez y perfección las órdenes del cerebro. Pero esta perfección las obliga a tocar continuamente multitud de objetos y ropas, por lo que es normal que estén frecuentemente sucias y que nos veamos en la obligación de lavarlas con asiduidad. Si se fijan, no hay parte corporal que exija tantos lavados como las manos. Pero ese lavado tan continuado es su peor enemigo y es casi imposible encontrar una persona mayor de 30 años que no tenga ya sus manos agrietadas, salvo, como antes dijimos, que viva a costa del trabajo de los demás. Lo peor, sin embargo, no está en el hecho de que las ensuciemos con tanta facilidad, sino en que el mismo uso del jabón de tocador las va abrasando poco a poco. Si a este jabón le añadimos los detergentes de la colada, la colonia, el aceite del coche, la polución ambiental, los utensilios del trabajo y todo lo que habitualmente tenemos que tocar con las manos, es lógico que no haya piel que lo pueda soportar.

El mejor lavado es con agua templada, ni fría ni caliente, sin emplear jabón, salvo que sea absolutamente necesario. Una vez que el agua no es suficiente podemos emplear cualquiera de los muchos jabones de tocador que existen en el mercado y si las manchas fueran rebeldes pasaríamos a emplear el jabón de lavar los platos, el cual cuenta ya la mayoría de las veces con protectores de las manos. Un cepillo para las uñas, un aclarado que elimine todos los restos y una crema suavizante no grasa, completarán los cuidados normales. Si ello no bastara, el aceite de oliva sigue siendo el mejor de los remedios para mantener la piel suave, aunque también se puede emplear el de germen de trigo o una glicerina vegetal mezclada con vitaminas A y E.

Para eliminar pecas o manchas solares se empleará el zumo de limón, la manzanilla o el agua oxigenada, mientras que para dar tersura son buenos los productos a partir de pepino, piña o infusiones de Salvia.

No se olvide también de realizar de vez en cuando una gimnasia adecuada, ya que la artrosis en ellas suele ser habitual, especialmente en las mujeres.

Y ahora, las uñas

Nadie sabe cuál es el origen de esa costumbre que tienen las mujeres para dejarse crecer las uñas, aunque hay algunos antropólogos que afirman que es solamente un antiguo utensilio de guerra, inspirado en los felinos, para compensar su menor fortaleza muscular. Según cuentan los historiadores, el arte del manejo de las uñas como arma de guerra se popularizó enormemente en China, llegando hasta el punto de emplearse como una pequeña daga, mediante una funda especial metálica que era letal en distancias cortas, más que nada porque solía contener una pequeña porción de veneno. Este arte fue casi un ritual entre la clase privilegiada china y todavía se pueden ver grabados de las emperatrices ostentando unas enormes uñas metálicas perfectamente pintadas.

El avance del feminismo ha provocado un retroceso muy importante en la largura de las uñas, aunque todavía permanece vigente pintarlas con sumo esmero, preferentemente de color rojo.

La tradición recomienda que la uña no debe ser muy larga (quizá dos milímetros por delante del dedo son suficientes), con su extremo terminado en una discreta punta. Se empleará mejor la tijera que el cortaúñas y la lima mejor que las tijeras. Para los pequeños pellejos que rodean la uña no se recomienda en absoluto el empleo de tijeras por el peligro serio de infección, pero existen líquidos que hábilmente manejados los pueden hacer regresar hacia la uña.

Como cualquier parte corporal, las uñas no se pueden pintar todos los días, bajo riesgo de asfixiarlas, y se hará necesario, además, darlas reposo de vez en cuando, emplear algún cosmético fortalecedor o sumergirlas en aceite de oliva. Internamente son muy adecuados los suplementos que contengan Zinc y Sílice y también la vitamina A, el hierro y el calcio.

Parte 9

HABLAR EN PÚBLICO

Un buen orador es un hombre con experiencia hablando

Una encuesta pública realizada hace algunos años reveló que la situación social más temida en general es la de hablar en público, situándose incluso por encima de lavar cristales exteriores en el piso 85 de un edificio de oficinas. De modo que pueden imaginarse el temor y la tensión que esta situación genera entre los oradores, pues sabemos de muchos que se desmayan, otros que sudan copiosamente, se les traba la lengua y, con suma frecuencia, les tiemblan las piernas. También existe quien "se queda en blanco", posiblemente la más embarazosa de las situaciones, pues tener delante docenas de personas, en ocasiones miles, esperando oír algo que les agrade y en su lugar escuchar el tenebroso silencio, es algo que cohíbe a cualquiera. En ese momento es cuando desearíamos que se hiciera realidad el refrán de "trágame tierra", al menos durante unos minutos.

Otros, sin embargo, pueden soportar el estrés y la incertidumbre por el resultado de su plática ante el público mediante sistemas de sugestión mental muy eficaces. Estas personas salen mentalmente del lugar, o al menos consiguen que el público se haga invisible en ese momento, y sabemos que hablar en solitario, delante de un espejo, no es lo mismo que en un mitin político o una reunión sindical.

Miedo a hablar en público

Ciertamente, hablar ante un grupo de personas con naturalidad y soltura no es fácil, y sabemos que no es suficiente con emplear los términos y recursos del lenguaje coloquial, sino que es necesario utilizar una serie de estrategias que refuerzan y complementan nuestro discurso, al mismo tiempo que atraen y mantienen la atención de los interlocutores. Del mismo modo, el control de estas estrategias puede ayudarnos a controlar ese pánico a hablar en público o miedo escénico que muchas veces es difícil disimular.

Es rara la persona que no confiese, en los primeros momentos de salir ante un numeroso público, que no le ha temblado la voz, que no sabía dónde poner las manos, mientras que su cuerpo parecía seguir un camino distinto al de su mente. En esos terribles momentos sus, hasta entonces, bien adiestrados músculos se vuelven torpes, por un lado incapaces de mantener sus piernas rígidas y sin temblores, mientras que por otro no consiguen mantener sus brazos en una posición natural. Por si fuera poco, la enorme sequedad de la boca le ocasiona una angustiosa afonía (casi imposible de mitigar con el oportuno vaso de agua), al mismo tiempo que una palidez acompañada por pequeñas gotas de sudor le delatan ante el público. En esos momentos se obnubila la mente y aunque se consiga mantener cierta compostura corporal, la verborrea no es fluida, se pierde la memoria de lo anteriormente aprendido, y si alguien del público inicia una protesta o un silbido de burla, el pánico se instaura en ese infeliz.

He aquí unos consejos imprescindibles para las primeras experiencias

1- Nunca mire directamente al público.

2- Evite realizar paseos y permanezca quieto en el sitio indicado.

3- No gesticule. Si no sabe qué hacer con los brazos mantenga algo en sus manos, aunque sea un vaso de agua casi vacío.

4- No se haga el entendido en ningún tema si no lo domina plenamente.

5- No se haga el gracioso y si ya está en ello, no insista demasiado. Si el primer chiste ha causado una gran cantidad de risas, ese es el recuerdo que deberá permanecer en los oyentes.

6- Cuando tenga que hablar sea breve, especialmente en el preámbulo. Sobre todo no diga aquello de "unas palabras" cuando en realidad tiene previsto un discurso.

7- Hable lo menos posible de usted mismo.

8- No caiga en la tentación de hacer demasiados halagos de nadie. Llega a ser molesto hasta para el propio homenajeado.

Dos reglas básicas:

1- Ser breve.

2- Ir al grano.

Aunque lo mejor es que lleve las ideas en la cabeza, también sería conveniente que apuntase el orden y el tema de las cosas de las cuales va hablar. Cuando hable procure no leer directamente lo escrito, hágalo de reojo, especialmente si las hojas previstas son tantas que asusten al auditorio. Si usted empieza a leer y los asistentes ven más de cinco hojas, comenzarán a bostezar desde el primer párrafo. Sin embargo, si tiene poco o nada escrito la gente dará por supuesto que será breve y mantendrán su atención. Si su memoria no es buena o los temas a tratar son demasiados, lleve una discreta hoja para hablar por orden de todos los asuntos, pero improvise el resto.

Calibrar el tiempo disponible

Ya sabe que la frase de "lo breve si dos veces breve, mejor" es esencial en los discursos, aunque este concepto del tiempo no tiene una medida exacta. Hay momentos en los cuales los asistentes han llegado hasta allí precisamente para escuchar una larga plática y no desean que todo termine en unos pocos minutos.

Ahora le daré algunos consejos precisamente para cuando su monólogo se va a extender más allá de quince minutos, recordándole primero que para que todo sea un éxito deberá marcharse justo cuando el público esté aún entusiasmado con su presencia.

Recuerde que:

- No hable mucho antes de comer y posiblemente tampoco después. La hora ideal es a media tarde o a primera hora de la mañana, pues en ambos casos los asistentes tienen una buena predisposición para escucharle largamente. Por la mañana les cogerá frescos, recién descansados, sin hambre y con ganas de escuchar y polemizar. Por la tarde, justo después de haber dejado ya su trabajo, sus cuerpos estarán lo suficientemente cansados como para agradecer estar sentados bastantes minutos. No obstante, recuerde que estará hablando en su tiempo libre, y muy posiblemente estén deseando retornar a sus casas cuanto antes.
- En cualquier circunstancia, se recomienda un monólogo que no exceda de los 20 minutos. Si el acto tiene que durar más, es

mejor que introduzca nuevos elementos o personas para romper la monotonía.

- En el supuesto de que se prolongue más de lo planeado, deberá suspender momentáneamente su charla para proporcionar algo de comida y bebida, además de permitirles que se levanten y salgan al exterior. Cuando regresen les tendrá sumamente agradecidos por este detalle tan considerado.

- Los estudiantes son oyentes especialmente agradecidos, en parte porque están acostumbrados a escuchar largas horas a sus maestros, pero también por su deseo de aprender. Aprovéchese de ellos y extienda un poco más su plática.

- Si se le acaban los recursos o cree que se está extendiendo más de lo prudente, no tenga reparos en llamar a alguno de los asistentes para que también le acompañe. Una voz nueva, una cara y unos textos diferentes, harán el milagro de no aburrir a las personas.

- Si hay una hora prevista para comer no demore ni un solo minuto más su charla. Un estómago hambriento es el peor enemigo que se puede buscar.

- Si tiene que ceder la palabra a otras personas prefijadas de antemano, sea cortés y no se pase ni un minuto de su tiempo disponible.

El éxito de un buen discurso

- Elabore su discurso como si fuera una novela: primero la introducción, luego el desarrollo y, finalmente, un rápido desenlace.
- Hable despacio, pero con firmeza.
- Permita que la gente le interrumpa, así el discurso será más ameno.
- No hable de sí mismo.

- Si cuenta chistes no se ría usted mismo de ellos. De todas maneras, con uno suele ser suficiente.
- Emplee frases de otras personas famosas, e incluso ponga como ejemplo sus vidas.
- Si se queda en blanco o no sabe qué decir, pregunte a alguien del público; así serán ellos quienes sigan el coloquio.
- No se despida veinte veces. Hay personas que emplean más tiempo en despedirse que en hablar.

Su imagen

Ya sabemos que la imagen es lo primero que ven los oyentes, por lo que el lenguaje o conducta no verbal deberá ser adecuado al lugar y a las personas asistentes. Por un lado, a través de estas conductas no verbales se puede dar una imagen adecuada que sirva mejor que mil palabras, por lo que tendrá que estudiar la adecuada expresión de su rostro y su mímica. Todo debe expresar, sin ayuda aún del discurso de base, lo que desea transmitir, sea alegría, cólera, beligerancia, paz o soluciones a los problemas.

Del tono de su voz y de sus gestos dependerá el éxito de sus palabras, por lo que procurará dirigirse directamente al público, hacia todos, casi tendiéndoles las manos, evitando posturas cerradas como cruzarse de brazos.

Existen datos que nos afirman que el éxito de un discurso depende en un 65 por ciento de la comunicación no verbal, entre cuyos elementos se encuentran el aspecto personal, la edad y el sexo, pues dependiendo del auditorio así deberá ser, ya que no existe un modelo universal de aceptación. Una persona bien trajeada será bien recibida en un ambiente similar, de negocios o de presentación de un producto, mientras que en una reunión sindical o de ecologistas supondrá un rechazo a priori.

Del mismo modo, una mujer guapa y con un vestido que resalte sus formas o descubra piernas y escote, podrá ser un arma de ventas en la presentación de un producto, pero muy perjudicial en una reunión de madres preocupadas por la libertad sexual de sus hijos.

Parte 9-a

El lenguaje

Lo primero que hay que mejorar o dominar es el lenguaje, ese conjunto ordenado y sistemático de formas orales, escritas y grabadas que sirven para la comunicación entre las personas que constituyen una comunidad lingüística. Hablando de una manera informal, puede decirse que el lenguaje es lo mismo que el idioma, aunque este último término tiene más el significado de lengua oficial o dominante de un pueblo o nación. Hay lenguas que se hablan en distintos países, como el árabe, el inglés, el español o el francés, siendo las más populares las de procedencia anglosajona o latina. En estos casos, aunque la lengua sea la misma, existen ciertas variaciones léxicas, fónicas y sintácticas menores por motivos históricos y estrictamente evolutivos, aunque todos los hablantes se entienden entre sí. Este es el caso del inglés, con sutiles diferencias según se hable en los Estados Unidos, Escocia o Inglaterra. De igual modo, el español de Latinoamérica es diferente al que se habla en España, lo mismo que ocurre entre Andalucía y Madrid, por ejemplo.

Desde un punto de vista científico, se entiende por lengua el sistema de signos orales y escritos del que disponen los miembros de una comunidad para realizar los actos lingüísticos cuando hablan y escriben. Aunque se pretende que los habitantes no modifiquen las reglas de la gramática ya establecidas, finalmente es el propio pueblo quien obliga a los académicos de la lengua a reformarla, quizá con bastante retraso. Por eso, aunque la lengua es un inventario que los hablantes no deberían modificar, existen ya grandes diferencias entre el lenguaje escrito y el hablado, sin que exista modo coherente de que ambos sean iguales.

Aunque ya lo hemos mencionado anteriormente, debemos recordar que sobre el español las gentes ya hace muchos años que decidieron igualar la pronunciación de la "ll" y la "y", lo mismo que la "v" y la "b", aunque en el lenguaje escrito las diferencias entre ambas letras siguen vigentes. Esto parece un contrasentido, pues a fin de cuentas ambas formas de manifestar una lengua, la escrita y la vocal, tendrían que ser iguales, por lo que las normas académicas deberían adaptarse siempre con los tiempos y no luchar contra aquello que las gentes han decidido emplear. Y el mismo problema lo tenemos con la "r", que puede ser doble en ocasiones aunque la pronunciación sea la misma, ocurriendo algo similar con la "v" y la "w", aunque esta última se está terminando de convertir en una "u" (también una "gü") a causa de la terminología anglosajona presente ya en nuestras vidas.

Igualmente curiosa es la similitud entre la "c" y la "k" (por ejemplo *co* y *ko*), imposibles de diferenciar fonéticamente, y la que se da entre la "g" y la "j", aunque la primera conserva otra forma de pronunciación según la letra que lleve a continuación.

La letra "ñ" es también otro de los ejemplos que perviven solamente en el idioma español, pues ni siquiera otros idiomas latinos como el portugués o el italiano la incorporan en su abecedario. Los primeros la han sustituido por la "nh" y los segundos, junto con los franceses, por la "gn".

Finalmente, debemos admitir que hace años la mayoría de las personas pronuncian ya como iguales la "x" y la "s", pero aunque la pervivencia de las letras de fonética similar mencionadas anteriormente nos parece extraña, el premio mayor se lo lleva la "h", a quien alguien se le ocurrió hacerla muda.

Mediante el habla proferimos palabras para darnos a entender, pronunciamos un discurso, conversamos, convenimos y concertamos. Nos expresamos y manifestamos nuestros deseos con cortesía y benevolencia en ocasiones, con agresividad y deseos de hacer daño en otras. También emitimos opiniones favorables o adversas acerca de personas o cosas, tenemos relaciones amorosas, murmuramos o criticamos.

Dicen que **cada uno habla como quien es**, dando a entender que regularmente se explica cada uno conforme a su nacimiento y crianza, y esto lo hacemos frecuentemente **hablando alto** para explicar con libertad o enojo nuestras razones, y también **a tontas y a locas**, que significa hablar uno sin reflexión y lo primero que se le ocurre, aunque sean disparates.

Hablar claro es decir uno su sentir desnudamente, sin adulación, y **hablar uno consigo mismo** supone meditar o discurrir sin llegar a pronunciar lo que se medita o discurre. **Hablar en cristiano** es hablar sencillo, de manera que se entienda, mientras que **hablar por hablar** es decir una cosa sin fundamento ni sustancia y sin venir al caso.

Más contundentes son las frases **¡ni hablar!** que indica la no aceptación de una cosa, más acentuada nuestra intención cuando decimos **¡ni hablar del peluquín!**

No se hable más de ello supone cortar una conversación o dar por concluido un negocio o disgusto, mientras que el certero refrán que dice "**Quien mucho habla, mucho yerra**", denota el inconveniente de hablar en demasía.

Parte 9-b

La comunicación entre las personas

La palabra comunicación viene del latín *communicare*, es decir, hacer común, compartir, impartir y transmitir. Por eso, en su sentido social, la comunicación abarca una gran gama de puntos de vista para su comprensión y descripción. Uno de los intentos más útiles para definirla está basado en abundantes materiales de filosofía, retórica, artes literarios y dramáticos, lingüística y semántica, teoría del aprendizaje, psicología, sociología, ciencias políticas, hipnotismo y matemáticas. Según este intento de definición, el componente inicial del proceso de comunicación es una idea o impulso en la mente del comunicador, siendo el segundo paso la expresión formal o codificación de la idea e impulso, para elaborar el mensaje o señal. El tercer elemento es la interpretación de quien percibe el mensaje, así como la percepción del mismo mensaje por un público o personas que lo reciben indirectamente, aunque el mensaje no esté dirigido a ellos.

La comunicación humana posee siete rasgos:

1- El lenguaje posee dos sistemas gramaticales independientes aunque interrelacionados: el oral y el mímico.
2- Siempre comunica cosas nuevas.
3- Distingue entre el contenido y la forma que toma el contenido.
4- En la comunicación lo que se habla es intercambiable con lo que se escucha.
5- El lenguaje se emplea con fines especiales, pues detrás de lo que se comunica hay una intención.
6- Lo que se comunica puede referirse tanto al pasado como al futuro.
7- Los niños aprenden el lenguaje de los adultos y se transmite de generación en generación.

Parte 9-c

La hora de la verdad

El orador tiene que cuidar mucho todos los aspectos, especialmente la primera impresión que pueda causar, cuando camina nerviosamente hacia el micrófono desde las cortinas, en un recorrido que le parece interminable, aunque solamente sean cinco metros. Allí en medio le espera, por fin, su burladero, su pequeño parapeto detrás del cual se siente algo más protegido, de momento. Y cuando comienza a hablar, con el micrófono amplificando su diminuta voz, casi se cree un dios, justo hasta que alguien entre el público le grita el primer exabrupto.

Es imposible que nadie que no haya salido a un escenario alguna vez, con cientos de personas sentadas cómodamente en el patio de butacas, pueda ser consciente de lo que supone dar los primeros pasos, con docenas de ojos taladrando de momento su físico, pues su voz será escudriñada posteriormente. Les puedo asegurar, como experto en ello, que resulta imposible lograr que las primeras veces las piernas se den cuenta de que deben ir una detrás de la otra. Por razones comprensibles, ninguna quiere ir delante y por eso es normal que tiemblen y que incluso lleguen a tropezar entre ellas.

Por otro lado, con el aspecto, la pose, o la comunicación no verbal, se pueden desarrollar una función de control consistente en hacer sentir la influencia de unos sobre otros, con el fin de modificar su conducta. Esto se logra muy bien en ambientes reducidos, pues en ellos es donde mejor se manifiesta el estatus, llegando a verse el poder y dominio sobre los demás. Todo ello se consigue con las miradas, el contacto físico que mantengamos, el poder persuasivo del lenguaje y con el engaño, pues se dice que el tono de voz de una persona suele aumentar con la astucia.

Algunos trucos

Un recurso que casi siempre da buenos resultados es aparecer entre el público, para así efectuar apretones de manos con las personas más cercanas. Este método, en apariencia un acercamiento sincero al oyente, esconde realmente la primera muestra de poder al demostrar que el ídolo o el líder no tiene reparos en tocar a sus seguidores. Ello proporciona a todos los asistentes una diferencia clara, pues el orador es el personaje principal, el centro de la atención, y para quienes han tenido la fortuna de estrecharle la mano es casi ya como un dios venido a la tierra.

Si a usted le gusta esta opción debe saber dos cosas relacionadas con el sexo: los hombres están generalmente orgullosos de realizar un apretón de manos firme, lo mismo que las mujeres más liberales. Para el resto, el intercambio debe ser muy discreto, rápido y en ningún momento blando o suave.

Una vez pasada la primera fase del contacto, existe otro problema que hay que tener muy claro: ¿Debemos tutear al público o tratarle de usted? En los mítines políticos parece ya una norma generalizada el tuteo, pues así demuestra el candidato su deseo de integrarse con sus votantes. Ya sabemos que no es tan fácil y que tantos besos y abrazos llevan como única finalidad lograr la adhesión y el voto, pero ese lenguaje parece agradar a todos.

Cuando le están filmando

El problema cuando usted tiene delante una cámara de televisión es que todo quedará para la posteridad, el éxito y el fracaso, su sabiduría y su estupidez. En estos casos deberá cuidar todo su aspecto, no solamente la voz, pues aquí el mensaje es audiovisual y esto condiciona todo el desarrollo. Muchos locutores de prestigio en la radio han fracasado cuando han tenido delante una cámara de televisión, pues especialmente su entonación y volumen de voz no eran aptas para este medio. Curiosa paradoja en personas que habían logrado destacar, precisamente, por la palabra. Otros, aparentemente poco o nada dotados para el lenguaje, con formas de expresión inadecuadas y en ocasiones vulgares, han conseguido permanecer en las pantallas televisivas año tras año.

Ahora el problema para usted es que tiene que convencer y gustar no solamente por lo que dice y cómo lo dice, sino por sus gestos faciales, su manera de estar en pie y desplazarse, su mímica corporal y, por supuesto, su indumentaria. Aquí la imagen vende más que mil palabras, aunque sin exagerar.

Estas son las diferencias que deberá tener en cuenta:

1- No se está dirigiendo solamente a los espectadores presentes, sino a miles de ellos sentados cómodamente en sus casas.

2- Ahora yo no es tan importante vocalizar perfectamente, aunque nunca sobra, sino los gestos que acompañen a su voz, nunca exagerados, siempre contenidos.

3- Su cara debe expresar lo mismo que está contando, salvo que sea el hombre del tiempo o cuente las noticias. En estos casos una expresión serena le será imprescindible.

4- No debe olvidar nunca que los teleespectadores le estarán escudriñando cada centímetro de su cuerpo durante toda su intervención, así que no se concentre solamente en la palabra.

5- Hay detalles corporales decisivos para agradar, como son la sonrisa, el peinado, la belleza en su conjunto y el traje.

6- En la televisión el lenguaje debe ser más coloquial, nada rebuscado o académico, pues nos estamos dirigiendo a personas de diferentes categorías sociales y culturas.

7- Procure dominar sus pasiones, aunque esté contando una declaración de guerra o haya ganado la liga su equipo favorito.

8- No grite, pues para eso están los técnicos de sonido que le darán el volumen adecuado.

9- No mire a la cámara si no es imprescindible. Es tan fría y despiadada que no le ayudará en los momentos delicados. Si tiene que leer textos escritos en una pantalla, procure moverse discretamente para no estar totalmente quieto. El secreto está en que la gente no se dé cuenta de que está leyendo y crea que todo sale de su portentosa memoria.

10- Sepa en todo momento qué hacer con sus manos, pues ni debe moverlas como si estuviera declamando a los clásicos, ni tan poco que parezca que le han atado.

11- Aprenda a improvisar, pues casi nunca salen las cosas tal y como se habían planeado.

Parte 9-e

Los elementos materiales

Otros aspectos importantes son el atrezzo, los elementos de decoración del lugar, las luces, la música, el atril y el micrófono. Analizaremos uno por uno:

El atrezzo

El primer elemento posiblemente sea fijo y no pueda hacer nada por cambiarlo, aunque en los mítines políticos no hay ningún clavo que no haya sido decidido de antemano. Ya sabe que cuanto más alto esté con respecto al público mejor, pues los dioses siempre están en las alturas, aunque sean mortales como los faraones.

Las luces

Las luces pueden llegar a ser tan molestas que impidan mantener los ojos bien abiertos, y eso cuando estamos leyendo un texto puede ser grave. Si existe un foco central nunca debería estar situado justo a la altura de los ojos, pues su posición idónea es proporcionando sombra a la pupila. Tampoco son adecuadas aquellas luces posicionadas detrás del orador, especialmente si inciden en el público, quienes se encontrarán con un problema similar, al mismo tiempo que la luz les impedirán concentrarse en el orador.

Resumiendo, la mejor posición para iluminar el lugar es lateralmente, justo en línea con el orador y sin que llegue al público, quienes deberán permanecer en la oscuridad. Este efecto de crear solamente puntos de luz en el escenario aporta unas ventajas que son conocidas desde hace años, pues la ausencia de luz entre los espectadores favorece el silencio y la concentración (también el sueño), efecto aumentado al quedar iluminado solamente el escenario.

La música

La música previa debe acompañar al acto y no ir en contra de él, pues lo mismo que sería incongruente que se pusiera música militar en un mitin de ecologistas, también lo sería que en uno de derechas se pusiera de fondo "La Internacional". Si el tema es sindical y puesto que los ánimos en estos casos siempre están alterados, un poco de música suave, clásica con preferencia, contribuirá a calmar el ambiente o, al menos, a no crisparlo más aún. Por supuesto, durante la oratoria no debe existir ningún tipo de sonido parásito, salvo en los pequeños momentos de descanso en los que la música puede contribuir a que no se pierda la continuidad del acto. ¿Quiere lograr que el público acuda rápidamente a sentarse después de una pausa? Haga que suene fuertemente música o tambores en el escenario. Eso es casi como la flauta de Hamelín.

La mesa

La mesa debe proporcionar cierta protección psicológica, como una barrera para protegerle del público. La ventaja de estar sentados, además de poder poner los papeles correctamente y de disponer de una luz personal, es que el orador no se cansa y puede estar relajado sin que le tiemblen las piernas.

El atril

El atril es incluso conveniente, al menos desde el punto de vista psicológico, pues aporta dignidad y valor a la persona, le alza sobre sus oyentes y le permite expresar mejor con sus manos. Es especialmente útil cuando se trata de un experto en discursos, pues su mímica agudiza el sentido de sus frases y contribuye a evitar la monotonía.

El micrófono

El micrófono es un utensilio frecuentemente mal utilizado, ya que por razones extrañas la gente no quiere acercarse lo suficiente y prefieren gritar manteniéndose alejados. Este error lleva a una pérdida de las notas más bajas, precisamente las que más impacto tienen entre el público, al mismo tiempo que le impiden modular y dar inflexiones a su voz. Un micrófono direccional debe emplearse casi rozando los labios con él, susurrando más que hablando, aunque cuando se trata de encrespar los ánimos la lejanía resulta imprescindible.

Procure que lleve un protector de espuma para evitar el efecto de petardeo que produce la letra "p", al mismo tiempo que hay que evitar golpear en el suelo o al soporte del micrófono. Por supuesto, el efecto de "acople" del sonido hay que evitarlo a toda costa y para ello hay que impedir que los altavoces estén dirigidos hacia el orador, lo que se puede lograr situándolos siempre delante, nunca detrás, y enfocados al auditorio. Un pequeño bafle (un *chivato*) a los pies del orador servirá para que oiga su propia voz y pueda modular su discurso mejor.

Parte 9-f

Otros detalles no menos importantes

Paralenguaje

El Paralenguaje es todo aquello que acompaña al lenguaje, como el tono de voz, la vocalización, la entonación en el discurso, hablar pausado o deprisa según el momento, la intensidad y la fluidez. En este aspecto hay varias cosas que debe saber:

1- Siempre es mejor hablar tras un micrófono que a viva voz.
2- Debe aprender a vocalizar adecuadamente y el mejor método es leer libros en voz alta y grabar la voz en una casete. Cuando se escuche se dará cuenta de los errores que comete.
3- Escriba un discurso de al menos un folio y léalo en voz alta, tal y como lo haría en directo.
4- Pronto aprenderá que para que se le entienda tiene que hablar mucho más lentamente que en su vida cotidiana.
5- Evite las notas muy altas o muy bajas, buscando una tonalidad que corresponda a sus características fónicas. Hay oradoras que causan risa por sus repetidos gallos, mientras que

algunos varones no son audibles precisamente por su sombría voz.

6- La intensidad se refiere a la mayor o menor amplitud de las ondas sonoras y si cambia frecuentemente de matiz y de frecuencia, su discurso no será monótono. Es como una canción muy larga, con numerosos estribillos y estrofas, unos más intensos que otros. Si se mantiene siempre en la misma tonalidad aburrirá e inducirá al sueño, aunque sus palabras sean interesantes.

7- La fluidez es una cualidad que impide que existan puntos muertos en el discurso, al menos no más de los necesarios. Tenga en cuenta que en ciertos momentos usted realizará preguntas ficticias al público, pues la respuesta le proporcionará cierto relax, debiendo otorgar unos segundos de reflexión antes de seguir hablando. Por ejemplo: usted se dirige al público diciendo: "¿Qué es lo que nuestros hijos esperan de nosotros?". Indudablemente es una pregunta y por ello debe dejar unos segundos de reflexión, los suficientes hasta que usted mismo diga la respuesta.

La distancia

La **Proxémica** es la distancia o espacio personal, el territorio inviolable de cada uno, es decir, el espacio físico de cada persona. En este sentido, y aunque antes dijimos que saludar al público y realizar apretones de manos y besos a los niños es muy recomendable en los discursos políticos, debe hacerse con suma prudencia, pues no siempre encontraremos personas calmadas.

Dependiendo de la amplitud del espacio (el del público y el del orador), así habrá que buscar la distancia adecuada, pero procurando siempre que exista la mayor posible entre ambos.

No siempre las reuniones terminan de manera pacífica y por ello no es mala idea saber dónde está situada la puerta de escape.

La agresividad de los asistentes aumenta, o al menos se genera, si la distancia es muy corta, pues quien es un poco violento se sentirá arropado por los asistentes y cual pandillero de barrio ejercerá una violencia, verbal o física, que nunca sería capaz en solitario. Por eso no es mala idea que un par de voluntarios efectúen las labores de protección discretamente. En el supuesto de que el público esté compuesto de mujeres, la protección siempre será mejor admitida si es mediante otras mujeres; eso sí, muscularmente bien dotadas.

La mirada

Mantener el contacto ocular con el auditorio puede ser imprescindible en numerosas ocasiones, pues permite establecer una comunicación más directa y continuada con los asistentes. Esto es especialmente importante cuando existe un moderador y un grupo que tiene que manifestar repetidas veces sus opiniones. Por tanto, ante un grupo, grande o pequeño, con el cual tenemos que llegar a acuerdos o soluciones, hemos de procurar mantener el contacto ocular, tanto al empezar a hablar como a lo largo de la sesión informativa. Hemos de asegurarnos que al menos hemos mirado a todos los asistentes una vez y efectuar barridos lentos con la mirada hacia todo el grupo, así sabremos sin lugar a dudas cómo y a quién dirigirnos en cada momento. También nos servirá para comprobar a través de los gestos y miradas si se está captando el mensaje, si muestran impaciencia o desagrado, así como el impacto que cada frase les pueda ocasionar.

Si observamos que las personas tienen la mirada perdida durante mucho tiempo o miran hacia el suelo o hacia el techo, es que algo está fallando y debemos reaccionar rápidamente efectuando las adecuadas modificaciones. Estas son algunas conductas no verbales de los asistentes que pueden perturbar el proceso de comunicación, ya que si no hay atención e interés es difícil comunicar algo.

Actitud

A medida en que se aproxima el momento, el orador nota a menudo una sensación de debilidad en la zona media de su cuerpo (mariposas en el estómago), siente náuseas y puede que llegue a vomitar. El corazón late violentamente, parece que quiere salirse, y quizá sienta dolor en la parte inferior de la espina dorsal. La persona experta reconoce estas sensaciones, no como una flaqueza interior, sino como un aporte extra de energía, pues estos signos indican una preparación para una actividad que implica reto. De hecho, el orador que experimenta signos de euforia antes de una charla pública estará probablemente en un pobre estado de preparación. Muchos consideran este nerviosismo como una condición afectada por la actividad adrenomedular, aumentada por el efecto estimulante de la situación.

Por ello, el estado mental en que el orador afronta los problemas determina el grado de tensión excedente o sobrante que le acompañará en dicha actividad. La persona experimentada estará libre de este exceso de tensión preliminar a su actuación, y se encontrará típicamente autoconfiado. Tiene lo que se conoce vulgarmente como "actitud de ganador, de líder" y se ve a sí mismo como un maestro de la situación en la que está inmerso. Para muchos, ser un líder es un asunto de "necesidad psicológica", alimentado por éxitos previos, y cuando ha racionalizado completamente los fallos previos llega a sentirse como un tiburón entre pececillos.

Convencimiento del triunfo

Si no se ha adquirido un buen control emocional, los momentos críticos de la oratoria, en donde la tensión emocional es máxima, tendrán como resultado una pérdida en la destreza del orador. De repente, sus músculos han de trabajar en contra de la sobretensión de sus músculos antagónicos y sus movimientos se hacen torpes y rígidos, mientras que las palabras no fluirán.

La experiencia muestra que la persona que se fuerza hasta el límite puede continuar tanto como sea necesario. Esto quiere decir que el esfuerzo ordinario no basta para extraer o liberar la tremenda cantidad de energía latente en el cuerpo humano. Un esfuerzo extraordinario, una condición de alta tensión, no será igual en todo el mundo, pues el orador estará tan cansado como se siente, y si está determinado a causar buena impresión puede continuar casi indefinidamente hasta alcanzar su objetivo. No hay castigos, esfuerzos ni condiciones demasiado duras de aceptar si se trata de ganar. Tal actitud sólo puede ser conseguida si el éxito está fuertemente enraizado en los sueños e ideales del orador.

El hombre sencillo no escoge, lo que es, es. La acción basada en una idea es obviamente una acción selectiva y tal acción no es liberadora; por el contrario crea mayor resistencia, mayor conflicto. Hay que asumir una actitud (o conciencia abierta) libre de moldes (o modelos) fijos, incapacitados para la adaptabilidad o la maleabilidad, ya que sólo ofrecen una jaula mejor. Para expresarse en libertad, hay que estar muerto para todo lo relacionado con el ayer. De lo antiguo se obtiene la seguridad; de lo nuevo se gana la fluidez.

Pero la confianza no es una postura o una actitud que se lleva voluntariamente, o una negación del miedo interno, ni tampoco un estado de ignorancia. La confianza no es un acto de voluntad.

Es un sentimiento natural que llega cuando se comprende la realidad.

La postura

La postura que adoptemos en el escenario o lugar de la plática ha de ir en concordancia con nuestro discurso, y hemos de procurar adoptar una actitud que se ajuste a las circunstancias, a las características del lugar, a la personalidad de los asistentes. En general, esta postura debe ser natural, espontánea, pero ya sabemos que la naturalidad también se aprende y se ejercita, hasta el punto de que algo forzado se convierte en un acto reflejo a fuerza de practicarlo. Como se dice en las artes marciales: "Se trata de hacer algo que parezca sencillo y natural, eficaz, aunque en principio no lo sea".

Para ello es un requisito imprescindible estar cómodo, sin posturas que causen tensión y que se puedan variar frecuentemente, al mismo tiempo que se evitarán los trajes y, muy especialmente, los zapatos, que puedan causar incomodidad o molestias.

Un orador debe moverse frecuentemente para no ocasionar tedio, del mismo modo que antes dijimos que tiene que cambiar la entonación de su voz y efectuar silencios cortos, si quiere que nadie se aburra. Si percibe en el ambiente que el público se distrae sería conveniente que abandonase su puesto detrás de una mesa o atril y se moviera por el escenario, e incluso que bajase hasta donde están los asistentes.

Lo importante es...

No ser monótono
Ser flexible

217

Comunicarse con los asistentes frecuentemente
No hacer monólogos demasiado largos
Dejar que otras personas participen
No considerar que los que allí están no tienen otra cosa mejor que hacer.

La motivación del auditorio se consigue mediante...

Una variación de los estímulos a lo largo de la exposición
Una clara presentación de los objetivos correctamente mostrados
Un lenguaje claro y comprensible
Mediante el control de todos los elementos del lenguaje verbal y no verbal
Un tiempo adecuado al lugar, las personas, ambiente, sillas del auditorio y motivo.

Situaciones en las cuales los discursos deben ser especialmente breves:

1- Una sala de teatro o un auditorio en el cual las personas que escuchan lo hacen sentados en unos incómodos sillones, sin poder estirar las piernas y con pocas posibilidades de salir a dar un paseo en medio de la oratoria.
2- Cuando hay más gente en la sala de espera o en el bar que dentro.
3- Cuando se percibe cierta violencia entre los asistentes.
4- Si los asistentes han llegado con niños pequeños o escolares a quien el tema apenas les interesa.
5- Si se trata de una charla inevitablemente corta porque los asistentes deben reanudar el trabajo.

Parte 10

EL LÍDER

Un líder es un director, jefe o conductor de un partido político, de un cuerpo social o de otra colectividad, aunque también se considera a quien va a la cabeza de una competición deportiva. Estas personas gozan de cierta actividad sobre un grupo, y sus conclusiones y deseos se suelen cumplir con mayor agrado que cuando son efectuadas por otro.

Pero ser líder es una pesada carga, aunque en ocasiones muy gratificante, ya que dirigir o estar a la cabeza de un grupo, partido político o equipo deportivo, agota más que dejarse llevar simplemente. Siempre es más cómodo y menos arriesgado ser el segundo de abordo que el primero, pues estas personas que están siempre al lado del líder gozan de igual prestigio, pero no recogen nunca los problemas. Además, cuando la gente pide la cabeza siempre busca la del líder, y casi nunca la del segundo quien, como la historia nos recuerda, termina por convertirse en el nuevo jefe.

Los sistemas de liderazgo, estudiados y desarrollados en diferentes análisis y estudios científicos, nos revelan diferentes perspectivas dependiendo del punto de vista de la disciplina. Las actitudes del emisor con status de control y predisposición sobre un grupo de personas que siguen sus iniciativas, pueden variar dependiendo de la situación y sobre todo de los objetivos y tareas que éste marque en un momento determinado.

EL BUEN LÍDER	EL MAL LÍDER
Tiene que conquistar con entusiasmo, buscando la lealtad y demostrando que ciertamente quiere a sus subordinados.	Suele imponer miedo, exigir sumisión (aunque él lo llama respeto), y con frecuencia castiga al opositor.
Sabe que mandar es un arte mucho más difícil de ejercer que obedecer. Se necesita inteligencia, observación y estudios.	Suele contar solamente con su propio poder para hacerse obedecer y no tiene en cuenta los deseos de las personas, salvo que coincidan con los suyos.
Debe intentar educar para que las personas sean capaces de resolver sus problemas y que no pidan ayuda siempre al más poderoso.	Simplemente da órdenes, aunque las da con mucha energía y con ademanes autoritarios.

Tiene que dar ejemplo y enseñar a los demás, pues aportando las nociones técnicas precisas y dirigiendo los ejercicios prácticos, puede proporcionar a los subordinados los conocimientos específicos que necesiten para cumplir sus misiones.	Permanece siempre apartado de las personas y hace que sus servidores ejecuten siempre sus órdenes, lo que suele proporcionar una mala opinión en la gente.
Una ley, por buena que sea, debe ser explicada, lo mismo que las medidas económicas y políticas. La ignorancia del pueblo sobre los asuntos de su líder nunca es buena, pues debe comprender las razones por las cuales ha llevado a cabo sus obras.	Intenta doblegar la voluntad de las personas para que obedezcan ciegamente como si las órdenes las hubiera dado un dios todopoderoso.

El buen líder encuentra siempre la palabra y la motivación adecuada a cada persona, no cometiendo el error de creer que todos son iguales.	Cree que las leyes deben ser universales, sin tener en cuenta condiciones personales. Dar un trato diferente lo Considera privilegio.
Tiene que guiar a las personas, no ordenar.	Ante todo está el principio de autoridad, con las jerarquías bien establecidas. Si paga un buen sueldo a los directivos es para que ejerzan como tales.
No quiere ordenar y que le obedezcan sin pensar.	Suele espolearles y la amenaza del despido está siempre presente en la empresa. Las órdenes son como en el ejército: no se cuestionan, se obedecen.

Inspira confianza en sus decisiones.	Solamente inspira temor o miedo a contradecirle.
Habla como si se tratase de una gran comunidad.	Se refiere más a servidores y jefes que a un grupo.
Siempre es puntual y llega antes que nadie para dar ejemplo y tenerlo todo dispuesto.	Es inflexible con quienes llegan tarde pues lo considera una falta de respeto.
Indica el fallo con una Sonrisa y aporta la solución.	Solamente parece Dispuesto a las críticas y los castigos.
Se comporta como un Maestro paciente con la torpeza ajena.	Actúa con prepotencia y criticando duramente los fallos.
Da ejemplo de buen hacer.	No tiene que demostrar su propia valía, pues para eso tiene empleados.

El ambiente de trabajo es agradable gracias a su trato.	Hay miedo en su presencia y deseos de burla en la ausencia.
Ante todo se da cuenta de que se trata de personas con sus propios problemas.	Les considera como máquinas que deben ser eficaces, exigiéndoles que dejen sus problemas personales en la calle.
Se mantiene constantemente interesado por lograr el bienestar de sus servidores.	Nunca hace preguntas sobre cómo les va en su familia.
No quiere imponer disciplina, pues desea que sus empleados la posean por sí mismos.	Cuando algo no va Bien nunca se considera culpable, pues seguramente ha sido por una negligencia de alguien.

Recuerde:

- Hay que ponerse siempre en el pellejo del otro, tratando de comprender a los demás y sus necesidades. Eso se denomina empatía.
- No llame la atención en grupo, especialmente cuando la persona esté abrumada por sus acciones.
- Serénese antes de efectuar la reprimenda, pues si está alterado seguramente dirá cosas graves de las cuales luego se arrepentirá.
- No sea rencoroso, pues un fallo no cuestiona la valía de una persona.
- Dé siempre buen ejemplo de educación, serenidad, puntualidad y eficacia.
- Conozca bien su trabajo y el de sus subordinados. El mejor técnico tiene que ser usted, pues un jefe inculto no suele ser bien aceptado.
- Debe saber lo suficiente de la vida de las personas a su cargo, pero solamente para apoyarles o comprenderles.
- No ejecute órdenes, aunque sean con palabras amables. Emplee la motivación y explique siempre la razón para que sean ejecutadas. Cuando aparentemente haya que realizar trabajos molestos, la mejor manera es explicar las razones que le han llevado a pedir esa acción.
- Suele ser muy bien aceptado que les pregunte por sus hijos o, incluso, que les mande algún regalo por Navidad.
- Cuando pida algo, su orden debe ser comprendida sin problemas y exactitud. Asegúrese que es así.
- No muestre nunca debilidad, temor o dudas con los violentos, pues se aprovecharán de ello y será un mal ejemplo para todos.
- Acostumbre a subir de categoría a la gente más antigua.
- Nunca levante la voz, aunque tenga motivos para ello.
- Premie siempre los resultados, con dinero o felicitaciones.

- Si no puede subir el sueldo, al menos otorgue otras mejoras, como días libres.
- Si algo no va bien en la empresa pida opinión, pero no solamente a los más próximos.
- Si tiene miedo de delegar en alguien sus funciones y no quiere ocasionar envidias en el resto, realice una encuesta para saber quién se merece el ascenso.
- Acostúmbrese a entablar conversaciones privadas con todos los empleados. En ese momento es cuando puede aprovechar para felicitarles o reprocharles su mal comportamiento.
- Observe a escondidas el desarrollo del trabajo, pues así averiguará quién molesta a quien.
- Cumpla sus promesas
- No establezca distinciones por cuestión de sexo o edad.

Parte 10-a

La comunicación oral del líder

Indudablemente el líder debe convencer más con la palabra que con los hechos, pues estos se magnifican, se olvidan y con frecuencia se justifican. Aunque dice una canción que la gente pasa y las obras quedan, las personas más aplaudidas a lo largo de la historia han sido aquellas que han escrito sus pensamientos.

Basta acudir a un discurso político para saber que el cómo dice sus palabras el líder tiene con frecuencia más interés que aquello que dice, siendo de especial importancia el énfasis y la reiteración del mensaje lo que más cautiva al público. Una arenga es solemne o pendenciera dependiendo más de la tonalidad de la voz que del mensaje, pues nadie moviliza a las masas con un lenguaje pausado, ni se pide calma con frases entrecortadas y vociferantes.

En el proceso de la comunicación humana intervienen:

Emisor: sujeto que produce el mensaje
Mensaje: el contenido del comunicado
Receptor: sujeto o sujetos que reciben el mensaje
Canal: medio físico que porta el mensaje
Código: la lengua común que se utiliza en el mensaje
Contexto: las circunstancias que dificultan o facilitan la comprensión del mensaje y el entendimiento comunicativo.

Y, además:

La **cadena** de actos produce el proceso de la comunicación. Si falla alguno, se genera una dificultad que puede anular a los otros.
El **acto** de comunicación favorable se produce cuando todos los factores anteriores actúan o cumplen su misión.
La **finalidad** de todo acto de comunicación es establecer una comunicación recíproca, incluso en los monólogos. En estos casos el mensaje queda grabado en las mentes y no necesita interacción.
El **emisor** expresa su mensaje para provocar una respuesta en el receptor, la cual no tiene por necesidad que manifestarse en ese momento.
La **comunicación** oral se basa en este mecanismo de estímulo-respuesta, pues todo cuanto expresamos a los demás tiene una finalidad.

Ante un **mensaje**, el receptor expresa su respuesta, bien sea respondiendo a una pregunta, ejecutando una acción, asimilando una idea, o contestando recíprocamente con una pregunta ante el mensaje del emisor. La **conversación** entre dos personas se produce a causa del mecanismo estímulo–respuesta, ya que la respuesta del receptor suele ser estímulo para que el emisor siga comunicándose y se establezca un proceso comunicativo continuado.

Escuchar y comprender

En la comunicación oral el sujeto emisor expresa una idea por medio del lenguaje hablado y el sujeto receptor ha de captarla y comprenderla, siendo más fácil explicar que comprender. Para analizar adecuadamente la comprensión de una comunicación oral, es necesario investigar el comportamiento del sujeto receptor, siendo de suma importancia recibir la respuesta adecuada al estímulo que provoca el mensaje.

El problema es que normalmente no prestamos atención al mecanismo del acto comunicativo porque es una realidad continua y permanente en nuestra vida de relación. Es por ello que en lugar de perfeccionarnos, la comunicación se vicia y entorpece con el paso de los años, lo que explica que muchas personas nunca lleguen a conseguir emitir un mensaje adecuado a su interlocutor. En estos momentos se establece una anomalía entre lo que queremos transmitir y lo que el sujeto está percibiendo realmente.

El objetivo que pretende el sujeto receptor al escuchar una comunicación es entender al máximo el significado de lo que quiere expresar ese mensaje, pero existen numerosas causas por las cuales puede dificultarse la comprensión del oyente a un mensaje oral, entre ellas:

La falta de **atención** del oyente al mensaje
El poco **interés** que pueda tener el mensaje para el receptor
Que el mensaje no esté expresado con **claridad**
Que el sujeto emisor provoque **rechazo** en el receptor
Que el mensaje no esté al alcance de **comprensión** del oyente
Que el mensaje contenga un **vocabulario** demasiado tecnificado
Que el **ambiente** no sea propicio para la comunicación
Que haya circunstancias externas o internas al receptor que dificulten la comunicación.

La empatía proporciona:

Se respetan otras opiniones y se evitan posturas extremistas
Se aprende a escuchar otras opiniones y a dejar hablar a los demás
Si se conocen bien las otras opiniones se podrá intervenir con acierto
Evita la autosuficiencia y el desprecio por las opiniones ajenas
No se repiten ideas y se piensa bien lo que se va a decir
Se evitan cuestiones ajenas al tema propuesto
Se debe sintetizar el pensamiento para expresarse con concisión.

La atención

La responsabilidad del éxito en el proceso de la comunicación incumbe tanto al emisor como al receptor. El emisor debe cuidar que su mensaje sea claro y en conjunto debe cuidar de todos los detalles o elementos de su intervención para que el mensaje llegue al receptor, pues es requisito imprescindible que el emisor se haga escuchar por el receptor.

El receptor es, en principio, libre de escuchar o de no hacerlo, por tanto, es responsabilidad suya prestar atención al mensaje. No obstante, con frecuencia el hablante debe procurar captar el interés del oyente, aunque éste debe estar bien predispuesto a atender al mensaje. La motivación facilita el proceso de la comunicación y se puede acentuar cuando:

El mensaje a emitir es importante, especialmente para el oyente
La persona hablante posee el adecuado carisma, bien sea por su cargo, relación personal, aspecto físico o tono de voz
El orador tiene conocimientos de interés para el oyente
El mensaje debe ser escuchado para poder efectuar acciones posteriores
El mensaje aporta entretenimiento o soluciona dudas al oyente.

Ser breves

Los telegramas suelen asustar antes de abrirlos pues sintetizan demasiado los asuntos; es como meter en la cárcel a una persona sin explicarle previamente los motivos y el tiempo que permanecerá encerrado. En la comunicación verbal ante un nutrido grupo de personas es necesario ser breve, pero no tanto que hayamos impedido que los asistentes digieran lentamente la comunicación, especialmente si es desagradable. La frase de "siéntate, que debo darte una mala noticia", se dice indudablemente por motivos de salud (desmayos, nerviosismo...), pero esencialmente se hace para que el oyente permanezca quieto mientras le damos pausadamente la noticia.
No obstante, y salvo en casos puntuales, sintetizando conseguimos transmitir el mensaje con unas pocas frases y, además, hacerlo con eficacia. Si deseamos que el oyente reflexione con el contenido del mensaje, deberíamos escoger la

forma impresa, pues así evitaríamos una confrontación prematura, dejando ya las cosas claras para posteriores conversaciones.

Lo cierto es que solemos dominar mejor la síntesis de los mensajes, ya que cuando alguien nos pregunta "¿Qué tal te ha ido?", lo primero que le respondemos es "bien (o mal)", así de escueto. Del mismo modo, una persona que haya escuchado noticias en la televisión o leído una novela, si se le pregunta de qué ha tratado, en pocas frases podrá resumir las noticias más importantes y en cuatro ideas resumirá la novela.

Muchas frases, no obstante, deben exponerse con amplitud, como en los altercados familiares o políticos, dando tiempo al oportuno intercambio de opiniones que aportará una mejora en el mensaje original.

El lenguaje del líder

Los individuos no se expresan de igual forma bajo una misma lengua, y cada uno utiliza los vocablos que en su medio social son habituales. Este aspecto que nos parece sencillo es realmente complejo, pues a lo largo del día solemos comunicarnos con gentes muy dispares, y no digamos a lo largo del año. Esto nos obliga a no poder utilizar una única forma de expresión, ni mucho menos de vocalización, tonalidad y frecuencia. Piensen lo diferente que resulta dirigirse a un niño pequeño, a un anciano, al conductor del autobús, al director de nuestra empresa, a un cliente, o a nuestro amor. Además, estas mismas personas cambian en su comportamiento, pudiendo estar alegres, tristes, iracundos, debilitados o pletóricos. Todo ello nos obliga a una modificación cotidiana de nuestra capacidad para la comunicación, siendo estos cambios tan bruscos la causa principal de la carencia global de entendimiento que se percibe en las relaciones humanas.

Cada grupo social impone un uso concreto de la lengua, de forma que un individuo al utilizar la lengua deja entrever el estrato social, profesional o cultural al que pertenece. Este uso de la lengua tampoco puede ser fijo, y debemos adaptarlo desde un uso coloquial familiar, hasta llegar a un nivel elegante o culto que sobrepase el uso cotidiano de la lengua. Hay también niveles especializados y específicos de grupos profesionales o sociales que tienen sus expresiones y sus vocablos propios, como son los lenguajes técnicos, profesionales y científicos.

Podemos establecer el siguiente esquema de los niveles del lenguaje:

1- Lenguaje natural con vocabulario sencillo
Nivel popular
Nivel familiar
Nivel coloquial
2- Lenguaje especializado con vocabulario más elaborado
Lenguajes específicos
Lenguaje científico
Lenguaje culto

Lenguaje natural con vocabulario sencillo
Nivel popular
Corresponde a las palabras de uso elemental utilizadas por las personas.
Nivel familiar
Depende del nivel social de los adultos de la familia que imponen el estilo al grupo familiar. Se caracteriza por las

expresiones y las frases que dentro de la familia tienen significado especial y concreto.

Nivel coloquial

Por medio de él, coincide el mayor número de hablantes en las relaciones cotidianas. Puede acercarse a veces al lenguaje culto, pero depende de factores: características de la sociedad y posibilidades del hablante de expresarse con ese vocabulario. Se caracteriza por la riqueza y variedad de palabras, frases, expresiones y muletillas.

Lenguaje especializado

Tiene un vocabulario más elevado y se usa sólo en circunstancias concretas. Pertenecen a la reserva de riqueza léxica de un momento determinado. Los medio de comunicación han generalizado este vocabulario. Se pueden dividir en:

Lenguajes específicos

Corresponden a vocabularios especializados que pertenecen a campos específicos de la actividad humana, como por ejemplo la cultura, deportes, publicidad, informática. En este apartado habría que incluir también las palabras procedentes de otros idiomas y que son de uso común.

Lenguaje científico

Es utilizado por cada ciencia o profesión que tiene su propia terminología técnica y específica para designar los utensilios, objetos, procesos y operaciones que normalmente no están en uso de profanos pero que poco a poco se ponen en uso común: pistones, babor, acuarela, gran angular, fotolito, tumor...

Lenguaje culto

Es bien cuidado tanto en la realización fonética como en la sintaxis. Debe ser lo más perfecto posible, cuidando la pureza de la lengua utilizando las palabras adecuadas, así como tratando de incorporar siempre los últimos vocablos y adaptando las modificaciones.

En el nivel culto debe cuidarse la construcción de la frase. En español se suelen expresar las ideas en este orden: sujeto, verbo y complementos. No obstante, en la expresión oral se permiten pausas y gesticulaciones, y puede alterarse el orden para intensificar o destacar algún aspecto de lo que se está expresando.

Expresarse correctamente

Toda persona sabe la importancia de la buena expresión en la vida social y profesional. Se produce mejor aceptación en el oyente cuando la locución se realiza con soltura y se exteriorizan correctamente las ideas que se tienen en mente. Cuando la pobreza del lenguaje es muy alta, las ideas se expresan con dificultad y en ocasiones surgen a causa de ello los malentendidos.

Pero el lenguaje correcto es solamente un hábito, más que un estudio, ya que cuesta lo mismo hablar bien que mal, al menos fonéticamente. No se nace con la capacidad de expresarse bien, sino que es el resultado de un aprendizaje y esfuerzo, de pensar y ordenar un poco nuestros pensamientos antes de explicarlos con la palabra.

La expresión oral es la exteriorización de los pensamientos, por tanto, los defectos en el uso de la palabra oral denota que las ideas están confusas en la mente o que el razonamiento mental está desorganizado. El aprendizaje de los aspectos teóricos de la lengua tiene la facilidad de ejercitar la mente en la práctica oral y escrita de la lengua que se utiliza con corrección. El estudio de la lengua, finalmente, conduce a comprender lo que se oye y lo que se lee, juzgarlo con criterio claro y seguro, para expresarse con exactitud y precisión.

Las exposiciones orales

Objetivos
Adquirir el hábito de una expresión oral, fluida y coherente
Conocer y superar las dificultades más comunes en la exposición oral de ideas y pensamientos
Desarrollar habilidades para exponer y defender ideas en una exposición oral
Realizar prácticas de ejercitación en la exposición oral.

1- Utilidad y necesidad de la palabra

La palabra permite transmitir realidades que están en nuestra mente. La razón para que utilicemos habitualmente la comunicación en forma oral es porque su aprendizaje es mucho más simple que el de la expresión escrita y porque ofrece el apoyo incuestionable de la mímica y gesticulación, y muy especialmente la entonación que proporciona infinidad de tonos y matices para poder exteriorizar los sentimientos y las actitudes.
En las deliberaciones colectivas la expresión oral debe ser serena y precisa, debiendo existir una coordinación entre la ordenación mental de las ideas y el simultáneo ejercicio de su expresión oral. No sólo hay que saber con claridad mental lo que

se quiere decir, sino que es preciso saber expresarlo con palabras adecuadas que aporten las razones, y puedan ser aceptadas por todos.

2- Dificultades en la expresión oral

El hecho de que los demás estén en silencio y sólo un individuo tenga que expresarse, aunque sea durante una corta intervención, provoca una serie de tensiones emocionales que dificultan la naturalidad de la exposición. Aunque anteriormente ya hemos dado algunas pautas para hablar en público, debemos aclarar que los oyentes están interesados en conocer las ideas que el expositor va a decir, no manifestando interés en buscar defectos ni errores.

Es importante conseguir la seguridad en sí mismo, aunque esto es algo que se logra casi exclusivamente con la práctica. Si el hablante se siente con confianza y seguridad podrá expresarse con naturalidad, rectificando rápidamente sus errores con sencillez y naturalidad, pues hasta el mejor actor comete numerosas faltas por omisión o cambio durante sus intervenciones. La mejor forma de exponer una idea es explicar con sencillez lo que se quiere decir, no tratando de impresionar con frases raras y originales, más adecuadas para el lenguaje escrito. No obstante, conviene recordar que los grandes oradores han sido capaces de transcribir en palabras frases y pensamientos únicos, memorables, posiblemente porque su ordenada mente era capaz de convertir en natural lo que para la mayoría es complejo.

Conviene expresar las cosas con frases cortas, claras y sencillas, haciendo las adecuadas pausas correspondientes a las comas y los puntos del lenguaje escrito. Las ideas se expresan con claridad si están previamente definidas en la mente, logrando que aquello que queremos decir se diga bien. Y si se está convencido de la certeza de lo que se va a decir, la vehemencia entusiasmará a los oyentes.

La naturalidad nos obliga también a un uso ordenado de la mímica y de la entonación, aunque un tono de voz sereno y agradable atraerá la simpatía y el interés del auditorio hacia la persona y hacia lo que dice.

Estética de la palabra

La palabra es el instrumento habitual de expresión del pensamiento, y siendo indispensable, no podemos prescindir de ella. Pero para que esta palabra sea un sonido agradable, expresivo, limpio, atractivo y lleno de matices, es importante conocer someramente la fisiología de la voz, es decir, el funcionamiento del sistema de producción de la voz, a fin de poder sacar el mayor rendimiento sin resentir ni forzar los elementos o mecanismos que intervienen en la producción de la voz. Exceptuando una persona afónica, no existe ninguna otra voz que pueda causar desagrado, salvo que se emita en un lugar y momento inadecuado.

Dentro del mecanismo de la fonación intervienen diversos órganos, entre ellos cartílagos, músculos, nervios, tórax, pulmones, garganta, y sistemas más complejos que se combinan en una gran acción que da como resultado la voz.

La **laringe** une la porción inferior de la faringe con la tráquea y ocupa una posición frontal o ventral en relación con el esófago, por detrás de la piel y el tejido conectivo de la garganta. Se trata de un órgano impar que se encuentra por encima de la tráquea, por delante del esófago, y que está formado por cartílagos, músculos y ligamentos. En ella se encuentran las dos cuerdas vocales ubicadas en forma horizontal, respecto al eje de nuestro cuerpo, las que al vibrar originan el sonido fundamental.

La **voz** se define en cuanto a su tono, calidad e intensidad o fuerza, dependiendo todos de cada individuo y estando determinados por la longitud y masa de las cuerdas vocales. Esto, que parece inalterable, puede modificarse, tal y como hacen los cantantes, variando la presión del aire exhalado y la tensión sobre las cuerdas vocales.

Otro aspecto de la voz es la **resonancia,** algo que tiene mucho que ver con la calidad. Una vez que ésta se origina, resuena en el pecho, garganta y cavidad bucal, delimitando la intensidad a causa de la fuerza en la vibración de las cuerdas.

Ahora bien, para llegar a emitir un sonido son necesarios otros elementos:

1- Los impulsos del **sistema nervioso**, los cuales pueden ser voluntarios o involuntarios. Cuando hay intención de producir palabras ponen en tensión las cuerdas vocales y los sistemas que producen la voz.

2- El **sistema respiratorio,** compuesto por el diafragma, un músculo en forma de campana que divide la cavidad torácica de la abdominal, más los pulmones que se apoyan en el diafragma, los bronquios y la tráquea.

El resultado final es la voz, la cual se diferencia por:

Timbre o tono
Son las características propias de cada voz, dadas por las diferentes cavidades de resonancia de las personas. Debido a esto las diferencias anatómicas determinan que cada voz sea única.

Intensidad
Depende de la mayor o menor presión subglótica (debajo de la glotis: espacio entre las cuerdas) y de la fuerza de la respiración.
Ritmo
Son las variaciones de velocidad de la palabra o frase.
Estas características de la voz le dan un color a la palabra.
El color de la voz nos hace identificar a una persona. Descubrimos voces: rápidas, intensas, apelativas, graves, lentas, profundas, etc.

El buen lenguaje

Cuando hacemos referencia al lenguaje hablado se dice que consta de fonemas y grupos de fonemas que integran palabras y frases. El fonema, por descripción, es el sonido de la voz, abstracto y diferenciable de otros en una lengua, por lo que todo idioma o lengua es un sistema formado por un número limitado de elementos o fonemas que se diferencian unos a otros por características precisas.
Estas diferencias deben respetarse para que el oído los reconozca y pueda identificarlos, y su utilización correcta es lo que se llama dicción. Además, el idioma termina modificando la anatomía de todos los elementos que componen la voz, hasta tal punto que es fácil saber el país de origen de una persona por su estilo de voz, su acento. La brusquedad fonética de los alemanes y japoneses contrasta con la dulzura de italianos y portugueses, mientras que los ingleses poseen un tono sobrio y discreto, y los españoles ligeramente hostil. El idioma chino es agudo y rápido, el francés gutural, y el ruso profundo, contratando todos con aquellos que se hablan en la África negra, amplios y muy fuertes.

Modulación de la palabra

Para lograr modular adecuadamente la palabra es necesario la integración de todos los elementos vocales analizados, algo así como tener a punto todos nuestros recursos fonéticos. Los diferentes matices expresivos se lograrán según el uso que se haga de los aspectos rítmicos y melódicos, entre ellos las variaciones de velocidad, intensidad y altura tonal dentro de la misma frase, pausa respiratoria y acentuación.

Como antes se dijo, no hay mejor escuela para mejorar la dicción que **leer textos** bien escritos, incluso cuentos infantiles, intentando teatralizar el argumento, buscando distintos giros en la modulación o expresión para exigirnos variaciones de tono, cambios bruscos de velocidad, modismos particulares y diferencias en la intensidad.

El uso del **micrófono** no modifica la técnica de emisión en sus aspectos fundamentales y casi siempre nos permite un mejor resultado. El micrófono faculta modificar el volumen o la intensidad de la emisión, por lo cual podremos modificar el soplo (aire que sale), aunque en su contra tiene que las inspiraciones deberán ser totalmente silenciosas, poco profundas, pues son perfectamente audibles. Se debe buscar más la calidad vocal y la riqueza expresiva por medio de una modulación melodiosa que la potencia final, impidiendo que nuestra voz retumbe en el auditorio.

La dicción

La dicción debe ser clara y precisa sin exagerar la articulación, casi como haría un ventrílocuo. También hay que suavizar las consonantes explosivas, especialmente si usamos el micrófono, para evitar la saturación del micrófono que produce distorsión del fonema.

Un discurso debería ser como una novela en cuanto al contenido, pero en la tonalidad se debería semejar a una melodía, con múltiples entonaciones que dejen claro el significado de una misma palabra o frase. Esa melodía expresa la actitud psicológica del sujeto que habla.

He aquí un sencillo ejercicio, pero que resulta casi imposible de diferenciar si no empleamos la entonación adecuada:

La frase elegida es, *"ya me iré de paseo"*, la cual deberá ser leída en voz alta y empleando distinta entonación según las frases siguientes.

- ¿Ya? Me iré de paseo.
- Ya me iré. De paseo.
- ¡Ya! Me iré de paseo.
- Ya... me iré... de paseo.

Otra frase puede ser:

Sí, vamos ya, ahora mismo
¿Sí? ¿Vamos ya? ¿Ahora mismo?
Sí, vamos ya. ¿Ahora mismo?

Parte 10-c

La técnica de la comunicación

La finalidad que debe pretender el disertador en su exposición oral, es convencer a sus oyentes de la veracidad de las opiniones e ideas que presenta en su disertación. Indudablemente se debe disuadir en estos casos por medio de la palabra, y para ello debe emplear la correcta y fluida expresión oral, la cual debe ser tan exquisita en ese momento como lo sería la expresión escrita. La exposición oral tiene que realizarse con gran cuidado y a la vez naturalidad, tanto en la postura ante el público, como en los gestos y en el movimiento del cuerpo y de las manos.

Aunque el discurso puede estar preparado en sus ideas principales, en el propio acto de la exposición hay que improvisar la forma, ejerciendo una expresión lógica, hilada y coherente. A medida en que la comunicación avanza se va perdiendo el temor, la vergüenza y el nerviosismo, por lo que es fácil conseguir que el discurso sea cada vez más eficaz.

Preparación de una disertación oral

Primera parte: Objetivos

TEMA
Sobre qué se va a hablar
Significado del tema propuesto
Comprender las implicaciones y conexiones del tema.

FINALIDAD

Para qué se va a hacer la disertación
Conocer los objetivos que se pretenden
Calibrar los intereses que se pueden conseguir.

AUDITORIO

Ante quién se va a hablar
Interés del tema para el auditorio
Mentalizarse en el tipo de oyentes.

Segunda parte: Contenidos que se van a desarrollar

INFORMACIÓN

Qué se va a decir
Buscar las ideas a desarrollar
Descubrir dónde encontrar mayor información
Recopilar toda la información.

ORDENACIÓN

En qué orden se van a decir
Ordenar las ideas dentro de un plan específico
Realizar un esbozo con las siguientes características: brevedad y
síntesis; claridad y sencillez; orden y coherencia.

REDACCIÓN DEL GUIÓN

Cómo se va a decir al tema
Modo de expresar las ideas
Realizar el desarrollo del guión

ORGANIZACIÓN ARGUMENTAL

Introducción que ambiente el tema
Desarrollo del contenido

Conclusión final a la que se llega

ORGANIZACIÓN DE LOS RECURSOS LINGÜÍSTICOS
Selección de palabras adecuadas
Utilización de expresiones correctas
Construcción de frases.

Tercera parte: Preparación de los contenidos

ENSAYOS PARCIALES
Comprobar cómo se hace y qué corregir
Ensayar la postura, gestos y movimientos
Cuidar la pronunciación, entonación, voz y pausas
Memorizar palabras difíciles, expresiones originales y frases importantes.

ENSAYO GENERAL
Adquirir una visión global de la exposición
Comprobar todos los aspectos:
Si falta o sobra algo
Si es correcta la ilación de las ideas
Si están memorizadas las expresiones
Si la forma expositiva está bien cuidada
Si el tiempo utilizado es el adecuado
Si la conclusión es lógica y coherente.

Cuarta Parte: Realización y valoración de la exposición

DISERTACIÓN
Presentarse con seguridad y sencillez ante el auditorio
Exposición clara y pausada del tema preparado

Conseguir atraer el interés del auditorio para que escuche, entienda y siga la presentación del tema.

EVALUACIÓN FINAL
Valoración personal de cómo se ha hecho
Reacciones del auditorio
Aceptación de las críticas y sugerencias
Anotar aspectos a rectificar en futuras actuaciones

Sugerencias en cuanto a la disposición de los materiales a utilizar:

El expositor se coloca en un lugar más elevado para que pueda ser visto por los oyentes y para que él pueda ver a todos.
Tener escrito el guión con letra grande y clara para que de una mirada rápida pueda seguir el orden.
En el guión conviene destacar los aspectos más importantes dentro de un esquema breve.
El guión debe ser breve y claro; es un esquema.
No dar la espalda al auditorio si hay que escribir en la pizarra o manejar un retroproyector.
Tener cerca los objetos que van a presentarse a lo largo de la disertación.
Si hay que leer documentos, también se deben tener cerca.

Sugerencias sobre la pronunciación, entonación y gesticulación:

Conviene expresar la disertación de pie y hasta moviéndose con naturalidad por el estrado.
Mirar los diversos lugares del auditorio. Nunca con la vista baja, ni mirando siempre a un mismo sitio.

No hay que tener prisa en expresar las ideas, sino hablar pausadamente para expresar una dicción clara y exacta.

Expresarse con un tono de voz agradable y modulada, evitando tanto la monotonía como los gritos.

El guión es sólo una base, no debe leerse ni recitarse memorísticamente. Debe de expresarse con espontaneidad y naturalidad.

Para destacar ideas, se pude cambiar el tono de voz, expresándolo más lentamente o ayudándose con la gesticulación.

Cambiar de tono y de ritmo en la exposición ayuda a mantener atento al público.

Es preferible un minuto de silencio antes de tartamudear o titubear.

Las pausas de silencio y preguntas al auditorio que el mismo conferenciante responde, son recursos oratorio muy utilizados.

Hay que decir las cosas con convicción para poder transmitir ese convencimiento al auditorio y persuadirle.

Se deben utilizar los gestos, las miradas persuasivas, los movimientos del cuerpo y especialmente las manos.

En el movimiento de las manos es preferible acostumbrarse a usar la derecha, pro nunca alternar las manos ni hacer movimientos bruscos y grandilocuentes.

Sugerencia sobre léxico y sintaxis:

Tener memorizadas algunas palabras difíciles o expresiones importantes. Si es preciso, tenerlas anotadas en el guión.

Expresarse con frases sencillas y claras. Para ello, utilizar frases cortas, evitando ambigüedades que conduzcan a errores.

Tener ensayadas las frases de difícil pronunciación. Si se han de utilizar palabras de otro idioma, se debe estar seguro de la pronunciación.

Suprimir las ideas que en los ensayos salían mal y si se cree que por el nerviosismo del momento se puedan pronunciar erróneamente.

Tener memorizadas las frases más importantes que por su contenido puedan impresionar más al auditorio.

El final debe estar muy bien cuidado y preparado para no divagar y terminar con seguridad y aplomo.

Un final bien expresado dejará una buena impresión en el auditorio.